Bernhard Pollmann · Wolfgang Schwartz

Ostseeküste

Schleswig-Holstein

60 Küsten-, Ufer- und Inselwanderungen

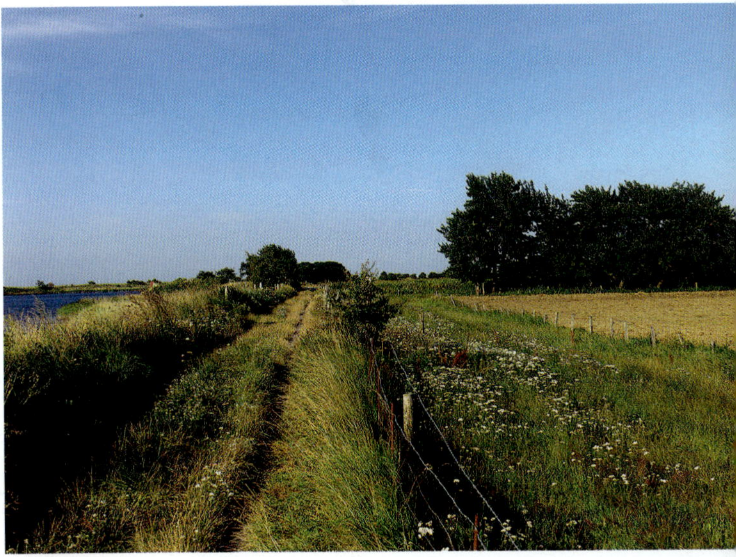

VORWORT

Von der Flensburger Förde über die Schlei, die Kieler Förde, die Holsteinische Schweiz und die Vogelfluginsel Fehmarn bis hin zur Lübecker Bucht erschließt dieser Wanderführer in 60 Touren die faszinierenden Wanderlandschaften an der Ostseeküste Schleswig-Holsteins. Strandseen, urtümliche Buchen- und Stechpalmenwälder, steile Küstenabstürze, kilometerlange Strände und zahllose maritime Verweilpunkte wie Häfen und Leuchttürme sowie die in den letzten Jahren in vielen Seebädern (wieder) errichteten Seebrücken prägen den Küstenstreifen. Dahinter verbirgt sich eine naturschöne, oft hügelige Landschaft mit Binnenseen, alten Dörfern mit reetgedeckten Häusern und einigen lohnenden Naturschutzgebieten. Schleswig ist das Bilderbuchland der Förden und der Steilküsten-Trails, aussichtsreicher Moränenhügel und Schlösser. An die Kieler Förde schließen auf holsteinischem Gebiet die Seebäder der Probstei und Wagriens sowie im Hinterland die Seen- und Kuppenlandschaft der Holsteinischen Schweiz an, während im Nordosten die Insel Fehmarn mit Traumstränden, alten Buchen über Steilküsten und dem Blick zu den dänischen Inseln lockt. Lübeck, die »Königin der Hanse« und Namensgeberin der Lübecker Bucht, steht als Weltkulturerbe unter dem Schutz der UNESCO.

Jede Region und jede Halbinsel ist auch in ihrer geschichtlichen Entwicklung eine Welt für sich, und doch haben alle vorgeschlagenen Touren zweierlei gemein. Zum einen können Wanderer überall die frische, gesunde Brise der Ostsee und den Blick aufs Meer genießen, der sich selbst von den Bergen des Hinterlands aus bietet. Zum anderen sind die Wanderwege, darunter Abschnitte der Europäischen Fernwanderwege 1 und 6 sowie zweier Stränge des Jakobswegs, stets gut gepflegt und durchweg leicht zu begehen. Im Norden bildet der Fernwanderweg Gendarmenpfad als erster dänischer prämierter Qualitätswanderweg die Grenze zu unserem nördlichen Nachbarland mit sehr schönen Etappen entlang der Flensburger Förde.

Elmshorn, im Frühjahr 2022 Wolfgang Schwartz

Blick auf den Schleswiger Dom von den Königswiesen (Tour 22).

INHALTSVERZEICHNIS

Vorwort		3
Übersichtskarte		6
Top-Touren		8
Wichtige Hinweise für unterwegs		10
Schwierigkeitskategorien		10
Symbole		11
GPS-Tracks und Koordinaten der Ausgangspunkte		12
Wandern an der Ostseeküste		16
Freizeitangebote im Wandergebiet		26

Schleswig: Von Flensburg zur Kieler Förde

	1	1.20 h	Harrislee – Stiftungsland Schäferhaus … 34
	2	3.00 h	Kruså-Kupfermühle – Wassersleben – Kollund Mole … 36
	3	1.30 h	Tunneltal – Niehuuser Burg … 40
	4	5.00 h	Kruså-Kupfermühle – Gravenstein/Gråsten … 43
	5	4.30 h	Gravenstein/Gråsten – Sonderburg/Sønderborg … 48
	6	2.00 h	Arnkielpark – Sankelmarker See – Oeversee … 51
	7	2.15 h	Fröruper Berge und Treßsee … 53
	8	7.30 h	Oeversee – Idstedt – Schleswig … 56
	9	3.00 h	Glücksburg – Quellental – Solitüde … 60
	10	1.15 h	Glücksburg – Friedeholz … 63
TOP	11	2.30 h	Holnis – Schausende – Drei … 65
	12	2.30 h	Unewatt – Langballigau – Westerholz … 68
	13	3.30 h	Wackerballig – Grahlenstein – Gelting … 70
TOP	14	3.15 h	Geltinger Birk – Leuchtturm Falshöft … 73
	15	2.15 h	Exhöft – Oehe – Maasholm … 76
	16	3.00 h	Kappeln – Arnis … 79
	17	2.15 h	Schönhagen – Schwansener See – Damp … 82
	18	2.30 h	Stubbe – Büstorf – Rieseby … 84
	19	3.45 h	Missunde – Weseby – Louisenlund … 86
	20	1.30 h	Borgwedel – Fleckeby … 88
	21	2.45 h	Idstedt – Idstedter See – Räuberhöhle … 91
	22	2.00 h	Schleswig – Holm – Gottorf … 94
TOP	23	3.30 h	Haddeby – Wedelspang – Selk … 98
TOP	24	3.15 h	Brekendorf – Rammsee – Aschberg … 102
	25	3.30 h	Owschlag – Sorgwohlder Binnendünen … 105
	26	2.45 h	Eckernförde – Windeby … 108
	27	2.45 h	Eckernförde – Aschau … 111
	28	3.00 h	Aschau – Jellenbek – Surendorf … 113
TOP	29	3.15 h	Surendorf – Dänisch-Nienhof – Stohl … 116
TOP	30	2.30 h	Stohl – Bülker Leuchtturm … 120
	31	2.15 h	Strande – Bülker Leuchtturm … 124
	32	1.45 h	Holtenauer Leuchtturm – Dankeskirche … 126

Holstein: Von der Kieler Förde an die Lübecker Bucht

	33	4.30 h	Kiel – Rastorfer Mühle – Klausdorf...................130
	34	3.00 h	Raisdorf – Preetz – Kirchsee.......................133
	35	3.00 h	Kiel-Neumühlen – Möltenort – Laboe................136
	36	2.15 h	Laboe – Aukrog – Stein............................140
	37	3.15 h	Stein – Marina Wendtorf – Wendtorf................144
	38	4.00 h	Heidkate – Kalifornien – Schönberger Strand.......147
	39	3.30 h	Hohenfelder Strandkrabbe – Stakendorfer Strand....150
TOP	40	2.15 h	Lütjenburg-Nienthal – Hessenstein..................152
TOP	41	3.15 h	Panker – Waterneverstorf – Stöfs...................156
	42	2.15 h	Behrensdorf – Lippe – Leuchtturm Neuland...........158
	43	2.45 h	Hohwacht – Sehlendorfer Binnensee..................160
	44	1.45 h	Plön – Prinzeninsel................................163
	45	6.15 h	Plön – Bad Malente – Eutin.........................166
	46	3.30 h	Bad Malente – Uklei-Fährhaus – Fissauer Fährhaus...170
	47	2.15 h	Schloss Eutin – Redderkrug.........................172
TOP	48	1.15 h	Ukleisee – Jagdschloss.............................174
	49	4.00 h	Kasseedorf – Schönwalde – Bungsberg................176
	50	2.00 h	Heiligenhafen – Steinwarder – Graswarder...........179
	51	3.00 h	Wallnau – Flügger Leuchtturm – Püttsee.............181
	52	3.15 h	Gammendorfer Strand – Markelsdorfer Huk............184
	53	1.45 h	Gammendorfer Strand – Grüner Brink.................186
TOP	54	3.00 h	Staberhuk – Katharinenhof..........................188
	55	2.15 h	Dahme – Dahmeshöved...............................192
	56	2.15 h	Kellenhusen – Klosterseeschleuse...................194
	57	3.45 h	Cismar – Lensterstrand – Grömitz...................196
	58	2.45 h	Travemünde – Niendorf.............................199
	59	2.45 h	Travemünde – Priwall..............................202
	60	1.45 h	Lübecks Altstadt..................................205

Stichwortverzeichnis...................212

TOP-TOUREN

Holnis – Schausende – Drei
Die Halbinsel Holnis, der nördlichste Festlandpunkt Deutschlands, ragt 6 km in die Flensburger Förde und trennt Innen- und Außenförde. An der Innenförde hat sich eine Steilküste gebildet, der feinsandige Strand von Drei an der Außenförde gilt als einer der schönsten Badestrände Angelns. Während der Zugzeiten ist die Halbinsel Rast- und Futterplatz von Watvögeln *(Tour 11, 2.30 h)*.

Haddeby – Wedelspang – Selk
Die Wikingersiedlung Haithabu am Ende der Schlei war im 9./10. Jh. das Handelszentrum Nordeuropas. Hinter Wikinger-Museum und -Dorf verwandelt sich der bis dahin historisch hochinteressante und daher rege frequentierte Weg in einen wunderschönen Naturpfad *(Tour 23, 3.30 h)*.

Geltinger Birk – Leuchtturm Falshöft
Im Natur- und Vogelschutzgebiet Geltinger Birk an der Flensburger Außenförde wechseln sich Salzwiesen und Dünen mit lichten Laubwäldern, Heideflächen und Wiesen ab, auf denen Wildpferde und Hochlandrinder weiden. An der Ostsee laden Strände zum Bad ein und der Leuchtturm Falshöft lockt mit dem Blick von der luftigen Aussichtsgalerie *(Tour 14, 3.15 h)*.

Brekendorf – Rammsee – Aschberg
Die Tour zum aussichtsreichen Aschberg führt auf zum Teil steilen Pfaden oberhalb der Eckernförder Bucht durch die wunderschönen Laubwälder der Hüttener Berge. Weitere Höhepunkte sind der idyllische Rammsee und der Heidberg, auf dem im August die Heide blüht *(Tour 24, 3.15 h)*.

Surendorf – Dänisch-Nienhof – Stohl
Der Dänische Wohld an der Eckernförder Bucht begeistert durch urtümliche Wälder mit mehrhundertjährigen Buchen. Der Europäische Fernwanderweg folgt dem Hochufer überwiegend auf naturnahen Pfaden zum Stohler Steilufer *(Tour 29, 3.15 h)*.

Stohl – Bülker Leuchtturm
Der Steilküsten-Trail über der offenen Ostsee zwischen dem Weiler Stohl und dem Bülker Leuchtturm ist eine Aussichtstour für Genießer *(Tour 30, 2.30 h)*.

Lütjenburg-Nienthal – Hessenstein
Vom Freilichtmuseum Turmhügelburg im Nienthal führen Wald- und Panoramawege durch eine idyllische Landschaft zum Pilsberg, auf dem der zinnenbekränzte Aussichtsturm Hessenstein einen einmaligen Blick auf die holsteinische Küste gewährt *(Tour 40, 2.15 h)*.

Panker – Waterneverstorf – Stöfs
Vom Bilderbuch-Gutsdorf Panker geht es über aussichtsreiche Moränenhöhen zur Allee am Großen Binnensee und auf stillen Wegen mit Ostseeblick zurück zum Ausgangspunkt *(Tour 41, 3.15 h)*.

Ukleisee – Jagdschloss
Den von den Romantikern als »magisch«, »mystisch« und »göttlich« beschriebenen Ukleisee in den Wäldern der Holsteinischen Schweiz erschließt ein Naturerlebnispfad *(Tour 48, 1.15 h)*.

Staberhuk – Katharinenhof
Der expressionistische Maler Ernst Ludwig Kirchner mietete sich in den Sommermonaten 1912–1914 jeweils für mehrere Monate beim Leuchtturmwärter auf Staberhuk ein und verewigte das »irdische Paradies« im Südosten von Fehmarn in Gemälden, Holzschnitten, Tuschzeichnungen und Lithografien. Ebenso malerisch sind die von uralten Buchen bestandenen Steilufer beim Katharinenhof *(Tour 54, 3.00 h)*.

WICHTIGE HINWEISE FÜR UNTERWEGS

Anforderungen

Alle Wanderungen in diesem Führer sind in technischer Hinsicht als leicht einzustufen, auch wenn manche Touren aufgrund ihrer Länge als anstrengend empfunden werden können (Touren 4, 5, 8).
Sonne, Wind und jodhaltige Ostseeluft aber stellen insbesondere bei längeren Wanderungen Ansprüche an die Kondition, was stärkere Naturen oft erst im Nachhinein am wohligen Schlafbedürfnis bemerken.

SCHWIERIGKEITSKATEGORIEN

■ = Leicht

Die Touren folgen gut ausgebauten und mäßig steilen Wegen, die auch von ungeübten Wanderern ohne Probleme begangen werden können.

Gehzeiten

Die Stundenangaben beziehen sich auf die reine Gehzeit. Luftfeuchtigkeit, Temperatur, Windstärke, Beschaffenheit des Geländes je nach Jahreszeit, Witterung und Wetter (Trockenheit, Schnee, Glätte, aufgeweichter Boden), die persönliche Verfassung, die Rücksichtnahme auf eventuell schwächere Wanderpartner und viele andere Faktoren beeinflussen die tatsächliche Dauer, die eine Wanderung in Anspruch nimmt.

Steilküste am Staberhuk auf der Insel Fehmarn (Tour 54).

Ausrüstung

Sonnenschutz und Wasserflasche sind neben guten Schuhen die wichtigsten Ausrüstungsgegenstände. Je nach Witterung und Saison sollten sie um Wind-, Regen- und Kälteschutz oder Badesachen ergänzt werden.

Im Sommerhalbjahr sind bei Trockenheit gute Sporthalbschuhe mit Profilsohle die besten Wanderschuhe. Bei nasser Witterung sind rutsch- und wasserfeste Wanderschuhe mit die Knöchel umschließenden Schäften zu empfehlen. Trekkingstiefel kommen im Winter zum Einsatz.

Wanderkarten

Die aktuellsten Wanderkarten für die Ostseeküste Schleswig-Holsteins gibt das Landesamt für Vermessung und Geoinformation Schleswig-Holstein (Mercatorstraße 1, 24106 Kiel) heraus, im Buch abgekürzt »LVGeoSH«. Die Wander- und Freizeitkarten im Maßstab 1:50.000 decken das gesamte Gebiet von der Flensburger Förde bis zum Priwall ab, für die Holsteinische Schweiz gibt es auch eine Wanderkarte im Maßstab 1:25.000.

Wanderweg bei Panker (Tour 40).

SYMBOLE

Symbole im Tourenkopf
- Mit Bahn/Bus erreichbar
- Einkehrmöglichkeit unterwegs
- für Kinder geeignet

Symbole im Höhenprofil
- Ort mit Einkehrmöglichkeit
- Einkehrmöglichkeit
- Unbewirtschaftete Hütte, Alm
- Parkplatz
- Bushaltestelle
- Bahnhof
- Schiffs-/Fähranleger

- Fahrt mit Schiff/Fähre
- Gipfel
- Kirche, Kapelle
- Burg, Schloss, Ruine
- Aussichtsturm
- Leuchtturm
- Aussichtsplatz
- Bademöglichkeit
- Brücke
- Archäologische Stätte
- Picknickplatz
- Markanter Baum

Fernwanderwege

Europäischer Fernwanderweg: E 1 und E 6 haben von der historischen Kupfermühle/Kobbermølle bei Harrislee (Tour 1) an der Grenze zu Dänemark bis in die UNESCO-Weltkulturerbestadt Lübeck (Tour 60) denselben Verlauf. Von Flensburg führt der Fernwanderweg südwärts in die Domstadt Schleswig an der Schlei (Touren 7, 8), überquert die Hüttener Berge (Tour 24) und erreicht in Eckernförde wieder die Küste. Längs der Steilküsten und Strände des Dänischen Wohldes (Touren 27–31) geht es zur Kieler Förde. In Kiel verlässt der Fernwanderweg die Küste und folgt der Schwentine (Tour 26) durch die Holsteinische Schweiz über den Bungsberg (Tour 49) hinweg in die Schlossstadt Eutin. Im Ostseebad Neustadt in der Lübecker Bucht erreicht er noch einmal die Küste und führt dann im Gleichlauf mit der Via Scandinavica des Jakobswegs über Bad Schwartau in die Weltkulturerbestadt Lübeck.

Jakobsweg Via Jutlandica: Der jütländische Jakobsweg führt in Deutschland von der historischen Kupfermühle/Kobbermølle bei Harrislee in die Domstadt Schleswig (wo ein Strang nach Lübeck abzweigt) und südwärts über Rendsburg und Itzehoe weiter zur Elbfähre von Glückstadt, ehe er beim niedersächsischen Harsefeld in die Via Baltica mündet. Vom Sankelmarker Engpass bis Schleswig (Touren 7, 8) hat er fast durchgehend denselben Routenverlauf wie die Europäischen Fernwanderwege 1 und 6 – genauso wie der Strang nach Lübeck (Touren 33, 34).

Jakobsweg Via Scandinavica: Der skandinavische Jakobsweg führt in Deutschland vom Fährhafen Puttgarden auf Fehmarn nach Neustadt und Lübeck (Tour 57), ab Neustadt überwiegend im Gleichlauf mit den Europäischen Fernwanderwegen 1 und 6.

Naturparkweg: Der 2021 neu eröffnete 160 km lange Wanderweg durch die vier Naturparks Schleswig-Holsteins führt von Maasholm im Natur-

GPS-TRACKS UND KOORDINATEN DER AUSGANGSPUNKTE

Zu diesem Wanderführer stehen auf www.rother.de GPS-Tracks und Koordinaten der Ausgangspunkte zum kostenlosen Download bereit.
4. Auflage, Passwort: **442504wxz**
Sämtliche GPS-Daten wurden von den Autoren im Gelände erfasst. Verlag und Autoren haben die Tracks und Wegpunkte nach bestem Wissen und Gewissen überprüft. Dennoch können wir Fehler oder Abweichungen nicht ausschließen, außerdem können sich die Gegebenheiten vor Ort zwischenzeitlich verändert haben. GPS-Daten sind zwar eine hervorragende Planungs- und Navigationshilfe, erfordern aber nach wie vor sorgfältige Vorbereitung, eigene Orientierungsfähigkeit sowie Sachverstand in der Beurteilung der jeweiligen (Gelände-)Situation. Man sollte sich für die Orientierung auch niemals ausschließlich auf GPS-Gerät und -Daten verlassen.

Ochsenwegskulptur bei Niehuus.

park Schlei durch die Hüttener Berge und über Westensee nach Brokstedt im Naturpark Aukrug. Markiert ist der Weg mit einem gelben Pfeil, der in den Naturparks Schlei und Westensee blau und in den Hüttener Bergen (Touren 19, 24) und Aukrug grün umrandet ist, www.naturparkwanderweg.de.

Nord-Ostsee-Kanal-Wanderweg: Der 117 km lange und ebenfalls mit einem gelben Pfeil gekennzeichnete NOK-Wanderweg folgt der meistbefahrenen künstlichen Schifffahrtsstraße der Erde von Brunsbüttel an der Unterelbe durch die Wälder und Grünfluren in der Mitte Schleswig-Holsteins bis zur Kieler Förde an der Ostsee. Sind Kreuzfahrtschiffe unterwegs, sind die Wege beidseits des Kanals von Hunderten von Schaulustigen bevölkert.

Ochsenweg: Der Ochsenweg führt in seiner heutigen Form als Radfernweg von Wedel an der Elbe nordwärts nach Schleswig und Flensburg, wo er sich unter dem Namen Hærvej (dt. Heerweg) bis nach Viborg in Nordjütland fortsetzt.

Gendarmenpfad: Der 84 km lange Gendarmenpfad (dänisch »Gendarmsti«) verläuft als ehemaliger Patrouillenweg entlang der deutsch-dänischen Grenze zwischen Padborg und Skovby bei Sønderborg. Dank guter Busverbindungen ab Flensburg (Linie 110) sind die ersten Etappen dieses ersten zertifizierten dänischen Qualitätsweges gut als Streckentouren ab Flensburg machbar, großteils als Uferweg entlang der Flensburger Förde. Markiert ist der Gendarmenpfad mit einem Grenzer auf weißem Grund (Touren 4, 5 sowie tw. 2, 3), www.gendarmsti.dk/de.

Fördesteig: Der vom NABU konzipierte 95 km lange Fördesteig zwischen Flensburg und Kappeln (Logo: stilisierte Förde) verläuft entlang der Südküste der Flensburger Förde und ist somit eine ideale Ergänzung zum Gendarmensti auf deutscher Seite (stellenweise Touren 9, 11–15), www.fördesteig.de.

Der Umwelt zuliebe ...

Auch beim Wandern hinterlassen wir einen ökologischen Fußabdruck, aber im Einklang mit der Natur unterwegs zu sein, ist gar nicht so schwer!

VORBEREITUNG UND ANFAHRT
- Sich vorab informieren, worauf in Bezug auf Natur und Umwelt in der jeweiligen Wanderregion besonders zu achten ist.
- Soweit möglich mit Bahn und Bus anreisen, Wander- und Rufbusse nutzen.
- Ist eine Anfahrt mit dem Auto nötig, Fahrgemeinschaften bilden.
- Bei weiten Anfahrten Mehrtagestouren planen oder von einem Quartier vor Ort aus mehrere Touren absolvieren.
- Flugreisen möglichst reduzieren und durch Beiträge zu Klimaschutzprojekten kompensieren.

KLEIDUNG UND AUSRÜSTUNG
- Beim Kauf von Outdoor-Kleidung auf umweltfreundliche und faire Herstellung achten und Kleidungsstücke möglichst viele Jahre nutzen.
- Ausrüstung kann man eventuell auch gebraucht kaufen oder ausleihen.
- Reparieren statt neu kaufen.

VERPFLEGUNG
- Beim Einkauf Bio-Ware, regionale und saisonale Erzeugnisse bevorzugen.
- Hütten und Gasthäuser auswählen, die regionale Produkte verwenden.
- Auf Einwegflaschen und Plastikverpackungen verzichten, stattdessen wiederverwendbare Trinkflaschen und Brotzeitboxen benutzen.

ÜBERNACHTUNG
- Bei lokalen Anbietern buchen, damit Menschen vor Ort profitieren.
- Auf Hütten und in anderen Unterkünften Strom und Wasser sparen.

UNTERWEGS
- Wege benutzen und Abkürzer vermeiden.
- Sperrungen von Wegen und Schutzgebieten respektieren.
- Keine Blumen pflücken und keine Pflanzen entnehmen.
- Waldbrandgefahr beachten.
- Müll wieder mit nach Hause nehmen und dort entsorgen.
- Toilettengänge in freier Natur möglichst vermeiden.
- Lärm vermeiden.
- Hunde an die Leine nehmen.

Bahn und Bus
Der öffentliche Nahverkehr ist im Umland der großen Orte sowie in der Sommersaison entlang der Küste meistens recht ordentlich – zumindest unter der Woche mit stündlichen Verbindungen. Auf dem Land dagegen gibt es oft nur wenige Verbindungen am Tag und am Wochenende gar keine.
Bei den Wandertouren sind Bahn- und Bushaltestellen am Anfang bzw. entlang der Touren angegeben, wenn deren Nutzung sinnvoll erscheint, d. h., wenn diese auch öfter bedient werden.
Die Buslinien in Schleswig-Holstein werden von verschiedenen Firmen betrieben, deren Internet-Adressen bei den Touren angegeben sind, um sich dort gegebenenfalls die Fahrpläne herunterzuladen. Meistens kann man sich dort auch die konkreten Verbindungen unter »Fahrplansuche« anzeigen lassen. Sehr komfortabel ist das auch möglich bei www.nah.sh für alle Verbindungen in Schleswig-Holstein bzw. bei www.bahn.de in ganz Deutschland, wo die Tickets auch online gekauft werden können. Infos zu Tarifen im öffentlichen Nahverkehr gibt es bei www.nah.sh.

Schiffsverbindungen und Fähren
Als »Land zwischen den Meeren« bietet Schleswig-Holstein entlang der Küste und auf Gewässern einige Schiffs- bzw. Fährverbindungen, die – wenn möglich kombinierbar – bei den Touren angegeben sind. Auf den Seen verkehren viele Schiffe, aber nur in der Sommersaison.

Mitfahrbänke
Eine Alternative zum öffentlichen Nahverkehr im ländlichen Raum sind die vor allem im Kreis Schleswig-Flensburg häufigen Mitfahrbänke – oft sogar mit Richtungsschildern, die als öffentlich geförderte Lückenschließer im ländlichen Raum etwas Geduld und Glück voraussetzen, dafür die Kommunikation fördern, www.bobenop.de/projekte/mitfahrbank, eine App ist in Planung.

Tourismus-Informationen
Das Tourismus-Portal des nördlichsten deutschen Bundeslandes wartet mit einer Fülle von Tipps und Informationen auf:
Tourismus-Agentur Schleswig-Holstein, Wall 55, 24103 Kiel, www.sh-tourismus.de.

Wanderverein
Der Wanderverband Norddeutschland betreut mehr als 3000 Wanderwegkilometer, darunter die oben genannten Fernwanderwege E 1 und E 6 sowie die Nord-Ostsee-Kanal-Route und den Naturparkweg:
Wanderverband Norddeutschland; Nordkanalstraße 52, 20097 Hamburg, Tel. +49 40 23686587, www.wanderverband-norddeutschland.de.

WANDERN AN DER OSTSEEKÜSTE

Geologie und Landschaftsbild

Die Gletschervorstöße der letzten beiden Eiszeiten und der Meeresspiegelanstieg seit dem Klimawandel am Ende des Weichselglazials vor ca. 10.000 Jahren haben an der 402 km langen Ostseeküste des nördlichsten deutschen Bundeslandes ein bewegtes Relief geschaffen. Da die Gletscher das Hügelland »zwischen den Meeren« von der Ostsee her aufgeschoben haben, erheben sich im Bereich der Ostseeküste die höchsten Berge Schleswig-Holsteins, während das Land zur Nordsee hin vergleichsweise sanft abdacht. Die Eismassen haben neben fruchtbaren Geschiebehalden und flachhügeligem Moränenland Toteisseen hinterlassen, denen zahlreiche der heutigen Seen ihre Entstehung verdanken. Ehemalige Gletscherzungenbecken und Schmelzwasserrinnen wurden von der Ostsee geflutet – sie bilden heute Förden und Buchten.

Die Ostseeküste Schleswig-Holsteins ist eine Ausgleichsküste, die auf insgesamt knapp 150 km als Steilküste ausgeprägt ist. Kennzeichnend sind die enormen Uferabbrüche und Sandverfrachtungen (einschließlich der Bildung von Sandhaken und Nehrungen). Allein in den letzten 6000 Jahren hat die Ostsee beispielsweise das von Gletschern aufgeschobene Brodtener Ufer zwischen Travemünde und Niendorf durch Abbruch um 6 km zurückgedrängt – Steine blieben liegen, feiner Sand wurde fortgeschwemmt und in Travemünde, in Niendorf und am Priwall angelandet, wo sich einige jener feinsandigen Badestrände gebildet haben, für die die Ostseeküste Schleswig-Holsteins ebenfalls berühmt ist. Auch bei niedrigeren Steilküsten wie jener beim Ostseebad Schönhagen kann es passieren, dass der Wanderweg in der beschriebenen Form nicht mehr vorhanden ist, weil ihn die Brandung im Zusammenwirken mit Winterstürmen, Frostsprengung und Starkregen wieder ein Stück weit zurückverlegt hat.

Der Arbeit des Eises sind schließlich einige wundervolle Aussichtskuppen zu verdanken, darunter der von einem Aussichtsturm gekrönte Scheersberg in Angeln, der Aschberg in den Hüttener Bergen (Tour 24), der Pilsberg bei Gut Panker (Tour 40) und der Bungsberg in Wagrien (Tour 49), Schleswig-Holsteins höchster Berg (vgl. auch S. 27).

Buchten, Förden, Deiche

Die Küste Schleswig-Holsteins ist eine Großbuchtenküste; zwischen der Kieler Bucht und der ostwärts anschließenden Lübecker Bucht schiebt sich die Halbinsel Wagrien mit der vorgelagerten Vogelfluginsel Fehmarn, der größten Insel Schleswig-Holsteins, in die Ostsee hinein. An beiden Buchten finden sich unterschiedlichste Küstenformen in oft unmittelbarer Nachbarschaft. Am markantesten sind die auf dem westlichsten Küstenabschnitt zwischen Flensburg und Kiel tief ins Land eingreifenden Förden, weshalb dieser Abschnitt mit den Halbinseln Schleswigs auch als »Fördenküste«

Küste der Flensburger Förde bei Süderhaff/Sønderhav (Tour 4).

bezeichnet wird. Die größten Förden sind die Flensburger Förde (dänisch Flensborg Fjord) und die Schlei. Die Flensburger Förde, durch die seit der Volksabstimmung von 1920 die Grenze zu Dänemark verläuft, ist der westlichste Meeresarm der Ostsee.
Während die Steilufer an der Fördenküste einen natürlichen Küstenschutz darstellen, sind die Niederungsküsten über weite Strecken bedeicht. Das betrifft insbesondere die Probstei, die Küstenabschnitte beidseits des Steilufers in der Hohwachter Bucht, die West- und Nordküste von Fehmarn sowie die Abschnitte beidseits des Hochufers von Dahmeshöved an der Lübecker Bucht. Die bedeichten Gebiete haben vor allem dann einen ganz besonderen Reiz, wenn sie von Naturschutzgebieten begleitet werden.
Die Steilküstenabschnitte hingegen bieten urtümliche Landschaft und aufregende Wanderwege, die aber mit Vorsicht zu begehen sind: Fast jedes Jahr sind Abstürze zu verzeichnen, die auf Übermut, das Wegbrechen überhängender Graskanten und/oder überraschende Windböen zurückzuführen sind. Politiker fordern daher immer wieder das Ende der gefährlichen Naturnähe an Steiluferpassagen und die Anbringung von Schutzgeländern.

Gebietsabgrenzung: Schleswig und Holstein

Historisch gliedert sich Schleswig-Holstein in das seit dem Mittelalter kulturell und bis in die Ortsnamen hinein dänisch geprägte Südschleswig, das die Deutschen »Schleswig« nennen, und das bis zu den napoleonischen Kriegen zum Heiligen Römischen Reich gehörende Holstein, zu dem seit dem nationalsozialistischen Groß-Hamburg-Gesetz von 1937 auch die bis dahin Freie und Hansestadt Lübeck und das angrenzende oldenburgische Fürstbistum Lübeck mit der Hauptstadt Eutin gehören.

Die Grenze zwischen den beiden Landesteilen bildeten zunächst die Flüsse Eider und Levensau und später auf dem Teilstück von Rendsburg an der Eider bis zur Mündung der Levensau in die Kieler Förde die in ihnen gebauten Kanäle. Der 1784 eröffnete Eiderkanal, von dem im Süden des Dänischen Wohldes noch einige idyllische Abschnitte, Holzschleusen und Klappbrücken erhalten sind, wurde 1895 begradigt und zum Nord-Ostsee-Kanal ausgebaut, der meistbefahrenen Seeschifffahrtsstraße der Erde. Das schleswigsche Holtenau an der Mündung des Kanals gehört heute zu Kiel, sodass Schleswig und Holstein im Ostseeküstenbereich auf dem Gebiet der Landeshauptstadt aneinander stoßen, die um 1233 unter dem Namen Holstenstadt tom Kyle (Holsteinstadt am Kiele, also an der Förde) gegründet wurde.

Schleswig

Steile Kliffküsten, kilometerlange Strände, fruchtbares Ackerland und aussichtsreiche Bergkuppen prägen die abwechslungsreiche Küste Schleswigs, das sich von der dänischen Grenze bis zur Mündung des Nord-Ostsee-Kanals erstreckt. Charakteristisch sind die als Wassersportreviere genutzten Förden, die tief in das von der Eiszeit geformte Hügelland eingreifen und es in die drei großen Halbinseln Angeln, Schwansen und Dänischer Wohld teilen. Dank ihrer geschützten Lage bildeten die Küsten im Inneren der Förden den Ausgangspunkt für die Besiedlung des Landes: Haithabu an der Inneren Schlei, der bedeutendste Ostseehandelsplatz der Wikingerzeit, wurde nach seiner Zerstörung von der ebenfalls am inneren Ende der Schlei aufblühenden Domstadt Schleswig (dänisch Slesvig: Schleibucht) abgelöst, am Ende der Flensburger Förde entstand die »Rumstadt« Flensburg und mit dem »Umschlag«, einem mittelalterlichen Freimarkt, festigte Kiel seine Stellung als wichtige Kaufmannssiedlung am inneren Ende der Kieler Förde.

Flensburger Förde

Die nach Deutschlands nördlichster Hafenstadt benannte Flensburger Förde verbindet auf 40 km zahlreiche Wassersportreviere; unweit ihrer Küsten liegen berühmte Fürstenschlösser wie Glücksburg (Tour 9) und das vom dänischen Königshaus als Sommerresidenz genutzte Gråsten (dt. Gravenstein) (Touren 4, 5), wo Hans Christian Andersen 1845 das Märchen »Das

Blühender Raps in Ostholstein.

kleine Mädchen mit den Schwefelhölzern« schrieb. Die Flensburger Rum-Regatta auf der Förde ist das größte Gaffelseglertreffen Nordeuropas; eingeleitet wird sie von der Flensburg-Fjord-Regatta vom dänischen Sønderborg nach Flensburg. Von Ostern bis Dezember starten in Flensburg die Fördeschiffe nach Glücksburg und rund um die dänischen Ochseninseln, der Fördebus von Flensburg über Glücksburg nach Drei und Holnis sorgt für eine gute öffentliche Erreichbarkeit der Ausgangspunkte und die Durchführbarkeit von Streckenwanderungen an diesem Küstenabschnitt.

Die Halbinsel Holnis bei Glücksburg teilt die Flensburger Förde in die schmale Innen- und die sich stetig erweiternde Außenförde. An der Nordspitze von Holnis, die nur 1700 m vom dänischen Ufer entfernt liegt, erreicht das deutsche Festland seinen nördlichsten Punkt. Den Ausgang der Förde zur Ostsee flankieren die dänische Insel Als (dt. Alsen) mit dem Leuchtturm auf der Halbinsel Kegnæs (dt. Kekenis) und auf deutscher Seite das Naturschutzgebiet Geltinger Birk mit dem vorgelagerten Leuchtturm Kalkgrund.

Am Nordufer der Flensburger Förde folgt der Gendarmenpfad als ehemaliger Patrouillenweg dem Grenzverlauf zwischen Dänemark und Deutschland. Einige Etappen sind Teil von Touren dieses Buches (Touren 2, 4, 5), auch wenn sie über dänisches Gebiet verlaufen und damit nicht zu Schleswig-Holstein gehören. Deren Auswahl trägt somit der engen Verwobenheit beider Länder im Grenzgebiet Rechnung.

Der Spitzhelm von St. Jürgen überragt den Flensburger Hafen an der inneren Förde.

Schlei – Schleswigs langer Meeresarm

Die Schlei zwischen den Halbinseln Angeln und Schwansen ist ein 42 km langer und durchschnittlich 1,3 km schmaler Meeresarm, der wegen seiner etwa von der Kieler oder Flensbürger Förde abweichenden Entstehung (nicht durch Gletscherschurf, sondern Schmelzwasser) streng genommen keine Förde ist, aber in der Tourismuswerbung oft so bezeichnet wird. Schilfgürtel und Auenlandschaften sowie mit alten Laubbäumen bestandene Steilufer schmücken ihre Ufer, die seit 2008 Teil des umgebenden Naturparks Schlei sind. Der Wechsel aus Engstellen und seeartigen Buchten zwischen Moränenhügeln sowie die weitgehende Abwesenheit lauter Straßen prädestinieren die nur 3 m tiefe Schlei für Wasser- und Uferwanderungen. Das Miteinander von Süß- und Salzwasserfischen und -pflanzen macht sie zudem zu einem echten Naturparadies. Die Schlei endet in der Schloss- und Domstadt Schleswig und mündet unweit der malerischen Kleinstadt Kappeln an der Maasholmer Lotseninsel mit dem Leuchtturm Schleimünde ins offene Meer.

Hüttener Berge

Die Hüttener Berge zwischen Schlei, Eckernförder Bucht und Nord-Ostsee-Kanal sind Deutschlands nördlichster Naturpark. Die von der Eiszeit geformte Moränenlandschaft ist gepägt von Wäldern, Mooren, Seen sowie alten Gehöften, Wind- und Wassermühlen und knickheckengesäumten Wegen. An mehreren Stellen – so zum Beispiel dem Aschberggipfel (Tour 24) – bieten sich weite Panoramen.

Dänischer Wohld
Der Dänische Wohld (dänisch Jernved: Eisenwald; plattdeutsch Isarnwohld: eiserner Wald) erstreckt sich halbinselartig zwischen der Eckernförder Bucht, der Ostsee und dem Nord-Ostsee-Kanal. Der im Mittelalter auch »großer Grenzwald« genannte Eisenwald war eine Art Pufferzone zwischen den dänischen Hoheitsgebieten und den landhungrigen Leuten im Süden, die schon unter dem weit gereisten Frankenkönig und römischen Kaiser Karl dem Großen die dänischen Wikinger bekriegt, im Friedensvertrag von 811 auf der Eiderinsel von Rendsburg aber die Eidergrenze hatten anerkennen müssen.
Hünengräber und alte Gehöfte, deren Eigentümer ihren Stammbaum oftmals bis in die Zeit des Eisenwaldes zurückverfolgen können, sowie Relikte des eisernen Waldes (Gehölze, vom Seewind geschorene Buchenwälder und knorrige Eichengruppen, alte Allee- und Einzelbäume) prägen das weitflächig gerodete und zu fruchtbarem Grünland umbrochene Moränengelände, dessen natürliche Bollwerke gegen die Ostsee die kilometerlangen, bis zu 30 m aufragenden Steilküsten sind. Nur die Schweden sollen einmal versucht haben, den wilden Eisenwald anzugreifen; das undatierte Jahrtausendereignis lebt im Namen der Gemeinde Schwedeneck (dänisch Svenskerhjørnet) fort, die neben dem Seebad Strande am Ausgang der Förde den einzigen großen Sandstrand des Dänischen Wohldes vorweisen kann.
Traditioneller Hauptort des Dänischen Wohldes ist das zentral gelegene Gettorf (dänisch Gettorp), dessen Kirchturm ein wenig schief steht, da der Teufel versucht haben soll, das Gotteshaus mit dem größten Findling Schleswig-Holsteins zu zertrümmern. Der »Düvelstein« selbst flog noch ein Stück weiter bis in die Nähe von Großkönigsförde, wo er einen beliebten Rastplatz an der NOK-Route bildet, dem Nord-Ostsee-Kanal-Radweg von Brunsbüttel nach Holtenau.

Holstein
Zwischen dem Dänischen Wohld und Mecklenburg, von der Einmündung des Nord-Ostsee-Kanals in die Kieler Förde bis zur Halbinsel Priwall an der Mündung der Trave erstreckt sich die holsteinische Ostseeküste. Ab dem Seebad Laboe ist sie in oft dicht beieinander liegenden Abschnitten eine Ausgleichs- und Buchtenküste sowie in geringerem Umfang eine Steilufer- und Fördenküste; ihre Niederungsabschnitte wurden nach der Jahrhundertsturmflut von 1872 über weite Strecken bedeicht. Die kilometerlangen feinsandigen Strände sind teils das Resultat natürlicher Sandverfrachtungen, teils werden sie – wie auf Sylt – aufgespült.
Einige kleinere Buchten haben sich durch natürliche Ausgleichsprozesse bzw. Deichbauten zu Lagunen und Strandseen entwickelt, die Pflanzen und Vögeln als Rückzugsbiotope dienen. Ganze 4 ha groß ist der durch einen natürlich gewachsenen Wall von der Ostsee abgeriegelte und als Na-

turschutzgebiet ausgewiesene Strandsee Großer Binnensee zwischen Behrensdorf (Tour 34) und Hohwacht (Tour 35). Auch die Hemmelsförde, das heutige Naturschutzgebiet Hemmelsdorfer See bei Niendorf (Tour 49), war am Ende des Weichselglazials mit der Ostsee verbunden, doch im Lauf der Jahrtausende riegelte eine durch Sandablagerungen entstandene Nehrung die Förde von der Ostsee ab. Auf der als überflutungssicher geltenden Nehrung entwickelte sich ab 1880 das Seebad Timmendorfer Strand.

Doch nicht nur die holsteinische Küste, auch das Binnenland ist dem Wandel unterworfen. Vom einst urwaldartigen Wald, dem Holstein seinen Namen verdankt – die im Frühmittelalter hier ansässigen Sachsen nannten sich nach dem altsächsischen Wort »holt« (dt. Holz) »Holsaten«, also »die im Holze sitzen« –, ist nicht mehr viel erhalten: Das größte Waldstück mit sehenswerten alten Eichen liegt heute beim Seebad Kellenhusen.

Kieler Förde

Die Kieler Förde erstreckt sich von der Hafenspitze Die Hörn im Stadtzentrum der Landeshauptstadt 17 km seewärts, ehe die Außenförde in die Kieler Bucht übergeht. Sie ist Austragungsort der Kieler Woche, der größten Regattaserie der Welt. Die Ufer säumen 80 km feinsandige Strände mit entsprechend regem Badeleben, im Osten verläuft der Fördewanderweg. Am Holtenauer Leuchtturm mündet der Nord-Ostsee-Kanal in die Förde, gegenüber befindet sich die Mündung der Schwentine. Die Wanderwege

Felder und alte Einzelbäume prägen das Hinterland der Küste, wie hier beim Sportboothafen Lippe (Tour 42).

Schwentinefähre.

an der Förde sind durchweg Promenaden mit herrlichen Ausblicken; besonders markante Blickfänge sind das Marine-Ehrenmal in Laboe und die Kreuzfahrtschiffe. Die Fördefähren sind die »Busse« der Kieler Förde und ermöglichen eine Fülle von Wanderweg-Kombinationen: Als Bestandteil des städtischen öffentlichen Nahverkehrs verbinden sie die Kieler Bahnhofsbrücke an der Hörn (vor dem Hauptbahnhof) mit Laboe, unterwegs laufen sie die Anleger Seegarten, Reventlou, Bellevue, Mönkeberg, Möltenort und Friedrichsort, in den Sommermonaten auch Falckenstein, Schilksee und Strande an.

Probstei

Zwischen der Kieler Außenförde und der Mühlenau, einem Abfluss des Selenter Sees, erstrecken sich die von der Eiszeit geprägten Landschaften der Probstei mit Seebädern, Binnenseen und kilometerlangen Stränden sowie zahlreichen Naturschutzgebieten wie dem Nehrungshaken Bottsand und der Niederung Barsbeker See. Der einschließlich der angrenzenden Wald- und Wiesenlandschaften als Vogelschutzgebiet ausgewiesene Selenter See ist mit etwa 22 km^2 nach dem Großen Plöner See in der Holsteinischen Schweiz der zweitgrößte See Schleswig-Holsteins. Zwischen dem Schönberger Strand, dem beliebtesten Badeort der Region, und dem Kieler Hauptbahnhof verkehren in den Sommermonaten eine dampflokgezogene Museumseisenbahn sowie die Triebwagen des Strandexpress.

Holsteinische Schweiz
Laubwälder und sanfte Kuppen sowie eine natürliche Seenlandschaft gigantischen Ausmaßes prägen den Naturpark Holsteinische Schweiz, der mit dem Bungsberg (167 m) die höchste Erhebung Schleswig-Holsteins umfasst. Vom Aussichtsturm auf dem Gipfel lässt sich bei klarer Sicht fast die gesamte Ostseeküste Schleswig-Holsteins von den Halbinseln Schleswigs bis zur Lübecker Bucht überblicken (Tour 49). Im Hang des Bungsbergs entspringt die »heilige« Schwentine (slawisch Sventana: die Heilige), die Seele der Holsteinischen Schweiz: Sie durchfließt und verbindet nahezu alle namhaften Seen, ehe sie nach 60 km langem Lauf in die Kieler Förde mündet (Touren 33, 34). Da die Schwentine kaum Gefälle und Strömung aufweist und sich immer wieder der Weite der Seen öffnet, zählt sie zu den beliebtesten Wasserwanderwegen Schleswig-Holsteins. Größtes und mit 60 m tiefstes Wassersportrevier am Schwentinelauf ist der Große Plöner See (Touren 44, 45).

Fehmarn
Die Vogelfluginsel Fehmarn ist mit 185 km² und einer Küstenlänge von 78 km Deutschlands drittgrößte Insel. Sie zählt zu den sonnigsten und regenärmsten Gebieten Deutschlands; die Fruchtbarkeit ihrer Grundmoränenböden wurde schon bei ihrer Ersterwähnung um 1075 hervorgehoben. Das leuchtende Gelb zur Zeit der Rapsblüte hat ihr die Bezeichnung »Goldene Krone im Meer« eingetragen. Im Süden und Osten der Insel, wo sich auch alte Wälder erhalten haben, reichen die Landwirtschaftsflächen bis an die Steilküsten heran, während im Norden weite Strände und Naturschutzgebiete mit Blick auf die dänischen Inseln locken; im Westen liegt das Wasservogelreservat Wallnau. Das flache Eiland entragt der See nur um bis zu 27 m (Touren 51–54).

Lübecker Bucht
Die Lübecker Bucht, die sich zwischen der Insel Fehmarn und der Mündung der Trave erstreckt, ist alljährlich Ende Juli Schauplatz der Segelregatten der Travemünder Woche, der zweitgrößten Segelsportveranstaltung der Welt. Auch zählt sie zu den meistbesuchten Surfrevieren an der Ostsee. Im Westen der Lübecker Bucht reiht sich ein Seebad an das andere: Auf Travemünde, nach Heiligendamm (1797) und Norderney (1800) Deutschlands drittältestes Seebad (1802), folgen – von Ost nach West – Niendorf, Timmendorfer Strand, Scharbeutz, Haffkrug, Sierksdorf, Pelzerhaken, Grömitz, Kellenhusen, Dahme und Großenbrode.

Der Große Plöner See (Tour 44).

FREIZEITANGEBOTE IM WANDERGEBIET

Radwandern

Der Ostseeküsten-Radweg von Flensburg nach Lübeck, die Nord-Ostsee-Kanal-Route nach Kiel sowie die Alte Salzstraße nach Lübeck – das sind die großen Radfernwege im hügeligen Osten Schleswig-Holsteins. Sie sind eingebunden in ein nahezu lückenlos ausgeschildertes regionales und lokales Radrundwegenetz, zu dessen »Perlen« die Umrundung der großen und kleinen Seen zählt. Hinzu kommen Streckentouren wie die auf der zum Radweg umfunktionierten Trasse der ehemaligen Schleswiger Kreisbahn, die fernab von Straßen zwischen Knicks (Wallhecken) und Feldfluren in der Hauptwindrichtung von der Schloss- und Domstadt an der Schlei nach Süderbrarup im Herzen der Halbinsel Angeln führt.

Bei Radwanderungen und auch Tagesradtouren in Schleswig-Holstein sind in der Regel keine nennenswerten Anstiege zu meistern. Insbesondere in Küstennähe aber kann der Wind ein nicht zu unterschätzender Widersacher sein. Bei der Planung sollte daher darauf geachtet werden, die Route an der Hauptwindrichtung (von West nach Ost) auszurichten.

Rad- und Wanderweg zwischen Hohwacht und Behrensdorf (Tour 42).

Kanuwandern
Die Schwentine ist die Seele der Holsteinischen Schweiz und der attraktivste Wasserwanderweg des Nordens. Am Großen Eutiner See beginnt der von Kanus befahrbare Abschnitt, der auf den 55 km bis zur Mündung in die Kieler Förde 17 Seen durchquert. Nahezu alle großen und viele kleineren Seen eignen sich ebenfalls bestens zum Kanuwandern.

Leuchttürme
Leuchttürme sind als Symbole der Küste »herausragende« Wanderziele. Nur wenige können erstiegen werden:
- Leuchtturm Falshöft: rot-weißer Gusseisenturm an der nördlichen Ostseeküste der Halbinsel Angeln, 24,4 m hoch (Tour 14).
- Bülker Leuchtturm: ältester Leuchtturm an der Kieler Förde (1862–65), wirkt trotz 25,6 m Höhe recht klein, Gastronomie (Touren 30, 31).
- Flügger Leuchtturm: 38 m hohe Nadel mit schmalem Umgang, seit 1916 in Betrieb, 2009–11 generalsaniert, wobei die rotweiße Plastikverkleidung entfernt wurde, sodass heute wieder ockerfarbene Klinker sein Aussehen prägen, hervorragende Aussicht, Gastronomie (Tour 51).
- Travemünder Leuchtturm: Deutschlands ältester Leuchtturm (1539), 31 m hoch, an der Strandpromenade, einmaliger Ausblick (Touren 58, 59).

Aussichtstürme
Aussichtstürme gibt es fast zahllos an der Ostseeküste Schleswig-Holsteins. Zu den eigentlichen Aussichtstürmen kommt eine Vielzahl von Gebäuden mit hervorragender Aussicht wie der 85 m hohe Wikingturm in Schleswig, zu dessen Panoramarestaurant Aufzüge fahren, während die Wendeltreppe im Turm des Schleswiger Doms aus eigener Kraft erklommen werden will.
Laboe: Der monumentale Turmbau des Marine-Ehrenmals ragt 85 m über der Kieler Außenförde auf und bietet eine fast endlose Aussicht (Tour 36).
Lütjenburg: Der nachts illuminierte Bismarckturm auf dem Vogelberg ist das Wahrzeichen der 800 Jahre alten Stadt Lütjenburg, bei klarer Sicht schweift der Blick bis zu den dänischen Inseln.
Panker: Der zinnenbekränzte Hessenstein auf dem 128 m hohen Pilsberg bei Panker bietet einen traumhaften Blick auf die Seen der Holsteinischen Schweiz und auf die Ostsee (Tour 40).
Plön: Der Parnaß-Turm, ein 20 m hoher Stahlfachwerkturm auf der Endmoräne Parnaß bei Plön, bietet eine Rundschau aus 85 m Höhe auf die umgebende Seenlandschaft (Abstecher bei Tour 44).
Bad Malente: Der 28,5 m hohe Holzbergturm bei Neversfelde bietet eine erstklassige Übersicht der Holsteinischen Schweiz.
Bungsberg: Auf dem höchsten Berg Schleswig-Holsteins erhebt sich mit dem Fernmeldeturm Bungsberg der sicher hässlichste Aussichtsturm des Landes, die Galerie in 42 m Höhe bietet jedoch eine Aussicht, die begeistert (Tour 49).

Wallnau: Der 10 m hohe Aussichtsturm im Wasservogelreservat auf Fehmarn bietet eine beachtliche Aussicht inseleinwärts; genutzt wird er vorrangig zur Wasservogelbeobachtung (Tour 51).

Grömitz: Der mehrstöckige Aussichtsturm mit Rutsche ist das Wahrzeichen von Lensterstrand (Tour 57).

Kletter- und Hochseilgärten

Altenhof: Die zehn Parcours mit Hängebrücken, Drahtseilen und Netzen erreichen im Natur-Hochseilgarten Höhen von bis zu 20 m. Das Gartengelände liegt 200 m von der Küste der Eckernförder Bucht entfernt in einem schönen Buchenwald. Hochseilgarten Altenhof, Am Bahnhof 14, 24340 Altenhof, www.hochseilgarten-eckernfoerde.de.

Kiel: Über 70 Kletterelemente in vier Schwierigkeitsgraden und in Höhen von 5 bis 25 m umfasst der Natur- und Wald-Hochseilgarten High Spirits am Falckensteiner Strand. Hochseilgarten High Spirits Kiel, Falckensteiner Strand 15, 24159 Kiel, www.highspirits-kiel.de.

Bad Malente: Auf den bis zu 12 m hohen High Ropes in bester Hügellage bieten sich Ausblicke auf die Seen der Holsteinischen Schweiz und das Plöner Schloss. Hochseilgarten Malente auf dem Ferienhof Radlandsichten, 23714 Malente, www.hochseilgarten-malente.de.

Kiel – Fischhalle des Schifffahrtsmuseums.

Fehmarn-Meeschendorf: Zwischen 15 Masten warten in 10 m Höhe die verschiedensten Hindernisse und Herausforderungen auf Kinder, Jugendliche und Erwachsene. Hochseilgarten Fehmarn, Campingplatz Südstrand, 23769 Meeschendorf, www.camping-suedstrand.de/de/klettern.php.

Grömitz: Für Lensterstrand-Gäste ist der Kletterpark Kraxelmaxel eine große Attraktion. Sie schauen vom Deich aus zu und spenden Applaus für die Bewältigung von 60 Hindernissen in 4 bis 10 m Höhe. Ostsee Kletterpark Grömitz, Blankwasserweg 120, 23743 Grömitz-Lensterstrand, www.kraxelmaxel.de/kletterpark-groemitz.

Museen

Schleswig-Holstein bietet Museen zu unterschiedlichsten Aspekten,

Aufgang zum Hansemuseum in Lübeck.

aber natürlich wundert es nicht, wenn im »Land zwischen den Meeren« dabei besonders die Schifffahrt dominiert. Eine Auswahl überregional bekannter Museen entlang der schleswig-holsteinischen Ostseeküste:

Museum Holstentor in Lübeck: In Lübecks bekanntem Wahrzeichen beleuchtet eine 2003 neu gestaltete Ausstellung die »Macht des Handels«, die auch die Seefahrt und die Geschichte des Holstentors behandelt. Im letzten von 7 Themenräumen werden historische »Rechtsinstrumente« in der berüchtigten Folterkammer präsentiert, www.museum-holstentor.de (Tour 60).

Europäisches Hansemuseum in Lübeck: Modernes Museum über das Handelsnetzwerk Hanse; beim Bau des 2015 eröffneten Museums stieß man auf weitere mittelalterliche Funde, die genauso mit einbezogen sind wie ein altes Kloster, www.hansemuseum.eu (Tour 60).

Kieler Stadt- und Schifffahrtsmuseum: An fünf Standorten beleuchtet dieses maritime Museum die Geschichte und den Werdegang des Werften- und Marinestandorts Kiels, Schauplatz des Matrosenaufstandes 1918 sowie heute alljährlich der Segelregatta Kieler Woche. Besonders auffällig ist alte Fischhalle mit dem Schifffahrtsmuseum direkt an der Förde, www.kiel.de/de/kultur_freizeit/museum.

Technisches Museum U995 in Laboe: Unterhalb vom Marine-Ehrenmal (siehe Aussichtstürme) zeigt das an Land aufgebockte U-Boot die bedrückende Arbeit und Enge unter Wasser; die in Hamburg 1943 gebaute U995 war im Zweiten Weltkrieg überwiegend im Nordmeer eingesetzt, www.laboe.de/u-995.html (Tour 36).

Freilichtmuseum Molfsee: Das größte Freilichtmuseum des Landes zeigt Bauernhäuser und andere dörfliche Gebäude vom 16. bis zum 20. Jh. – seit 2021 mit dem neuen von Bauernhäusern inspirierten Eingangs- und Ausstellungsgebäude »Jahr100Haus«, www.freilichtmuseum-sh.de.

Kunsthalle zu Kiel: Die Kunsthalle zeigt in jährlich wechselnden Ausstellungen Werke aus dem Bestand von 1200 Gemälden und 300 Skulpturen aus der Dürerzeit bis zur Gegenwart, www.kunsthalle-kiel.de.

Museum für Archäologie, Kunst- und Kulturgeschichte Schloss Gottorf in Schleswig: In einem würdigen Rahmen werden die Höhepunkte schleswig-holsteinischer Kunst und Kulturgeschichte im Schloss Gottorf auf der beachtlichen Fläche von 15.000 qm gezeigt, Das Museum für Archäologie zeigt bedeutende Funde der Ur- und Frühgeschichte Schleswig-Holsteins: 10 Millionen Funde aus 80.000 Jahren zählen zum Museumsbestand, besonders bekannt sind die eisenzeitlichen Moorleichen. Sehenswert ist auch der Barockgarten mit dem Gottorfer Globushaus, www.landesmuseen.sh (Tour 22).

Wikingermuseum Haithabu bei Schleswig: Am ehemaligen südlichen Handelsplatz Haithabu an der Schlei zeigt dieses 1985 eröffnete archäologische Museum das Leben in dieser Wikingersiedlung vor 1000 Jahren mit Originalfunden und modernen Medien – die Architektur erinnert an umgedrehte Rümpfe von Wikingerschiffen, www.haithabu.de (Tour 23).

Museumsberg Flensburg: In zwei Häusern widmet sich dieses Museum seit 1876 der Kunst- und Kulturgeschichte des ehemaligen Herzogtums Schleswig seit dem Mittelalter – beachtenswert sind die originalen Bauernstuben und die Sammlung von 900 Möbeln, www.museumsberg-flensburg.de.

Phänomenta in Flensburg: Neben Flensburgs Wahrzeichen, dem Nordertor, lädt die Phänomenta interaktiv zum Experimentieren und damit dem Kennenlernen physikalischer Zusammenhänge und Gesetze ein. Die Idee geht zurück auf eine Initiative der Flensburger Pädagogischen Hochschule in den 1980er-Jahren mit dem ersten »Science Center Deutschlands«. Mitterweile gibt es Ableger gleichen Namens in anderen deutschen Orten, www.phaenomenta-flensburg.de.

Flensburger Schifffahrtsmuseum: Direkt an der Flensburger Förde widmen sich die sieben Ausstellungen Themen rund um die Schifffahrt und Flensburg – Hafen und Höfe, Zucker und Sklaverei, Rum, Fördeschifffahrt, Werft und weiteren maritimen Aspekten, www.schifffahrtsmuseum-flensburg.de.

Rechts: Barockgarten im Schloss Gottorf mit Globushaus (Touren 8 und 22).
Seite 32/33: Sportboothafen und Badestrand von Laboe an der Kieler Förde (Tour 35), dahinter das Marine-Ehrenmal und ein Teil des Naturerlebnisraums Dünenlandschaft (Tour 36).

↗ 38 m | ↘ 38 m | 5.2 km
1.20 h

1 Harrislee – Stiftungsland Schäferhaus

Rundwanderung durch savannenartige Landschaft bei Flensburg

Das Stiftungsland Schäferhaus ist ein ehemaliger Truppenübungsplatz westlich von Flensburg, der seit dem Abzug des Militärs 1998 von der Stiftung Naturschutz Schleswig-Holstein als 420 Hektar großes Schutzgebiet betreut wird. Galloway-Rinder und Konikpferde halten das Gras dieser steppenartigen Landschaft kurz, die 2016 bundesweit als »Weidelandschaft des Jahres« ausgezeichnet wurde. Dieser Rundweg erschließt den Nordteil dieser Fläche, einer der größten zusammenhängenden beweideten Flächen Schleswig-Holsteins.

Ausgangspunkt: Wanderparkplatz Schäferweg am Westrand des Gewerbegebietes von Harrislee (Navi: Schäferweg, 24955 Harrislee).
ÖPNV: Bushaltestelle »Harrislee Westerstraße« 1 km vom Ausgangspunkt; Linie 37 von/nach Flensburg (Mo.–Fr. halbstündlich, Sa./So. stündlich), www.aktiv-bus.de. Von der Haltestelle westwärts auf Westerstraße über die Bahngleise und weiter geradeaus; 250 m nach dem Bahnübergang links in die Straße Am Oxer und nach 50 m vor der Linkskurve halb rechts auf Graspfad, der am Waldrand südwärts zum Ausgangspunkt führt.
Anforderungen: Leichte Wanderung überwiegend über gut ausgebaute und befestigte Wege.
Markierung: Anfangs Pilgermarkierung der Via Jutlandica. unterwegs viele Infotafeln.
Einkehr: Ristorante Isabella 100 m östlich vom Ausgangspunkt (nur mittags und abends, Mo. und Di. Ruhetag).
Varianten: Verlängerungsmöglichkeit im Süden kurz vor dem Ihlsee mit südlicher Schleife (zusätzlich 0,8 km).
Karte: Wander- und Freizeitkarte 1:50.000 Blatt 4 Flensburg/Kappeln (LV-GeoSH).
Hinweis: Halten Sie immer Abstand zu den Rindern und Pferden, die nicht gefüttert werden dürfen!

Vom kleinen Parkplatz **Schäferweg** ❶ am Rand des Gewerbegebietes von Harrislee folgen wir dem Zugangsweg zum Schutzgebiet Schäferhaus zusammen mit dem Pilgerweg in südwestlicher Richtung. Bei einem **Unterstand** ❷ informieren Tafeln über den Pilgerweg. Wir folgen dem Pilgerweg geradeaus, nach 5 Minuten vorbei an einem Aussichtshügel zur Linken. Bei einer Hörner-Skulptur ignorieren wir den rechts abzweigenden Weg und wandern geradeaus. Die (Ochsen-)hörner symbolisieren den Ochsenweg, über den vom 14. bis zum 19. Jh. bis zu 50.000 Ochsen jährlich von Dänemark zu Viehmärkten im südlichen Holstein ge-

Am Ihlsee.

trieben wurden. Neben den Hörnern wurde nach dänischem Vorbild ein einfacher Zeltplatz (»Schlafplatz Wildes SH«) eingerichtet, wo Wanderer für eine Nacht frei nächtigen können unter Beachtung bestimmter Regeln.
Bei einer Kreuzung nach einem Gatter führt uns der Pilgerweg nach links in südöstliche Richtung durch eine offene Landschaft, die mit ihrem gelegentlich lichten Baumbewuchs ein wenig an die afrikanische Savanne erinnert und von Konikpferden und Galloway-Rindern frei gehalten wird. Vor 100.000 Jahren lebten hier Waldelefanten, wie ein Stoßzahnfund beweist.
Bei der nächsten Kreuzung verabschiedet sich der Pilgerweg nach rechts, geradeaus wäre eine Verlängerung möglich (s. Variante), während wir dem einladenden Pfad nach links folgen, nach der Querung einer auch nach dem Militärabzug betriebenen Panzerteststrecke vorbei am idyllischen **Ihlsee** ❸ mit Rastplatz und links einem kleinen Aussichtshügel.
Der Pfad führt uns weiter durch die großteils offene Fläche, ehe wir bei der Kreuzung bei einem Gatter links dem breiteren Weg in nordwestliche Richtung folgen zum **Unterstand** ❷, wo wir wie beim Hinweg links dem Weg zurück zum Parkplatz **Schäferweg** ❶ folgen.

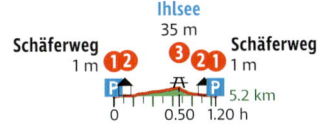

↗ 190 m | ↘ 190 m | 11.9 km

2 Kruså-Kupfermühle – Wassersleben – Kollund Mole 3.00 h

🚌 ✕ 👥

Deutsch-dänische Grenzrunde an den Niehuuser Alpen

Vom Grenzübergang Kruså-Kupfermühle führt der Europäische Fernwanderweg vorbei am Zollamt durch die Wälder der Niehuuser Alpen zum Strandbad Wassersleben an der Flensburger Förde. Nach Überqueren der Krusaumündung ist Dänemark erreicht, wo es auf dem »Gendarmenpfad« nach Kollund geht.

Ausgangspunkt: Dänischer (nördlicher Teil) vom Grenzübergang Kruså-Kupfermühle mit Parkplatz (Navi: Flensborgvej 13C, 6340 Kruså, Dänemark), alternativ Wassersleben zwischen WP 4 und 5.
ÖPNV: Endhaltestelle »Krusau DK« am Ausgangspunkt sowie Haltestellen »Kupfermühle Grenze« bei WP 2 und »Kupfermühle Abzw.« bei WP 4 der grenzüberschreitenden Buslinien 1 und 7 von Flensburg, alternativ Haltestelle Wassersleben-Kurhaus bei WP 3, www.aktiv-bus.de.
Anforderungen: Leichte Waldwege und Pfade.
Markierung: Ab WP 5 Gendarmenpfad, markiert mit blauem Zöllner auf weißem Grund.
Einkehr: Wassersleben, Grenzübergang Kruså-Kupfermühle.

Variante/Tipp: 200 m langer Abstecher ab WP 8 hinunter zur alten Kupfermühle/Kobbermølle mit Industriemuseum: Der Pfad überquert den Bach auf einem Holzsteg und mündet auf deutscher Seite neben einem Schuppen am Waldrand in das Gelände einer Autowerkstatt, dann geht es links zum Museum Kupfermühle/Kobbermølle. Die 1612 von König Christian IV. zur Herstellung von Kupfer- und Messingplatten für Schiffsbeschläge und Dächer gegründete Kupfermühle war bis 1864 eines der führenden Hammerwerke Dänemarks, 1962 wurde sie stillgelegt, heute beherbergt sie ein Museum zur Geschichte des Standorts.
Karte: Wander- und Freizeitkarte 1:50.000 Blatt 4 Flensburg/Kappeln (LV-GeoSH).

Am **Grenzübergang Kruså-Kupfermühle** ❶ queren wir die Durchgangsstraße mit den früheren Abfertigungsstreifen südwärts auf westlicher Seite und am Südende des Grenzübergangs der kleinen Straße Transitgården, ehe uns nach 50 m der Radweg rechts in den Wald zurück nach Deutschland und kurz darauf eine kopfsteingepflasterte Alte Zollstraße zum **Zollamt Kupfermühle** ❷ führt. Die ehemaligen Zollgebäude dienen heute als Wohnhäuser. Die X-Markierung der Europäischen Fernwanderwege 1 und 6 zweigt rechts auf den asphaltierten, aber für den öffentlichen Verkehr

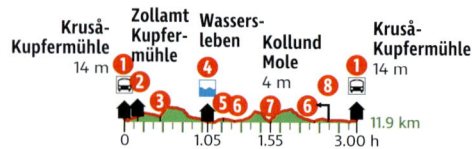

gesperrten Karlsbergweg ab und folgt ihm unter Laubbäumen in den Niehuuser Wald. Beim Haus Vogelsang an der ersten Verzweigung wechselt sie links auf den ebenfalls asphaltierten Waldweg Neuwaldeck, der sich an der Wiese nach rechts wendet und dann als aussichtsreicher Pfad am Waldrand entlang nach Süden zieht. Wir befinden uns nun bereits mitten in den Niehuuser Alpen: Deutschlands nördlichste »Alpen« wurden vor über 10.000 Jahren durch die Kraft eiszeitlicher Schmelzwasser modelliert, damals befand sich hier ein Gletschertor vor den Eismassen.

Nach Queren der Straße **Alter Kirchenweg** ❸ geht es um 15 m nach links versetzt geradeaus auf einem Waldsaumpfad weiter. Im Klueser Wald erreicht das Gelände Höhen von über 60 m. Schließlich unterquert der Fernwanderweg die Bundesstraße und erreicht am Hotel Wassersleben das feinsandige Strandbad **Wassersleben** ❹ an der Flensburger Förde. Hier trennen wir uns fürs Erste von der X-Markierung.

Längs der Straße Wassersleben geht es kurz aufwärts, bis an der Bushaltestelle rechts der nach wenigen Häusern autofreie **Dammweg** ❺ in das Mündungsdelta des Krusau-Tunneltals abzweigt. Wir passieren den Grenzübergang Schusterkate/Skomagerhus auf einer kleinen Brücke bei einem Bootshafen mit herrlichem Förde-Blick und erreichen auf dänischem Territorium an einer Verzweigung an der reetgedeckten **Schusterkate** ❻ den Europäischen Fernwanderweg 6, dem wir rechts (Richtung Kollund) auf den Gendarmsti folgen.

Auf dem Gendarmsti patrouillierten von 1920 bis 1958 die königlichen Gendarmen, heute durchwandern wir auf ihm den Kollunder Wald, ein traditionelles Ausflugsgebiet in der Umgebung von Flensburg. Mit dem Bau

Grenzbrücke an der Flensburger Förde mit Blick auf das dänische Ufer.

des Damms über die Mündungsbucht der Krusau wurde 1912 der Zugang zum Wald erleichtert; damals war geplant, eine Villensiedlung im Kollunder Wald zu bauen, doch den Flensburgern ging das Geld aus, nachdem nur ein Haus, nämlich die Schusterkate, gebaut worden war. 75 ha des Kollunder Waldes gehörten noch zu Beginn des 3. Jahrtausends der Stadt Flensburg, der dann schon wieder das Geld ausging: Nun gehört der Kollunder Wald einem dänischen Privatmann.

Der Gendarmsti führt ostwärts durch den Wald. An einer Stelle zweigt ein Stichweg (lohnender, aussichtsreicher Abstecher) zur Förde ab, gelegentlich wird der Pfad über Stufenanlagen geführt, an anderen Stellen bietet er einen vorzüglichen Flensburg-Blick. Dann erreicht er **Kollund Mole** ❼.

Von der Mole geht es zunächst auf dem Gendarmenpfad zurück. An der ersten Verzweigung kann man rechts weiterwandern; hält man sich an allen weiteren Verzweigungen links, stößt man wieder auf den Gendarmenpfad,

der am Abzweig an der **Schusterkate** ❻ sich rechts haltend am Rand des Krusautals aufwärtsführt. Ein historischer Hochwasserstein zeigt unterwegs den Wasserstand während des Ostseesturmhochwassers im November 1872: 3,30 m über dem normalen Pegel. Wo links ein **Pfad** ❽ steil in den Buchenwald absteigt, lohnt ein Abstecher zur Kupfermühle (s. o. Variante).

Der Gendarmenpfad führt an der Abrahamsquelle/Abrahamskilde vorbei, der im Mittelalter eine Heil bringende Wirkung nachgesagt wurde; Schüler des Missionars Ansgar errichteten hier um das Jahr 1000 eine Kapelle. Frederik VII., von 1848 bis 1864 letzter Oldenburger König von Dänemark, trank das Wasser nach dem überlieferten Ritual morgens beim Betrachten des Sonnenaufgangs; dann warf er den Trinkbecher hinter sich, sodass er zerbrach.

Wenig später wechselt der Gendarmenpfad links auf den Madeskovvej, dem er hinter der Brücke rechts zum dänisch-deutschen Grenzübergang **Kruså-Kupfermühle** ❶ folgt.

↗ 50 m | ↘ 50 m | 5.6 km
1.30 h

3 Tunneltal – Niehuuser Burg

Runde um den Niehuuser See

Entlang der deutsch-dänischen Grenze führt diese Rundwanderung zwischen Flensburg und dem dänischen Pattburg/Padborg rund um den Niehuuser See. Wir folgen dem Gendarmenpfad, dem ersten europäischen Qualitätswanderweg Dänemarks, durch das eiszeitlich entstandene stellenweise naturgeschützte Tunneltal der Krusau/Kruså mit seinen Weidengebüschen und Erlenbruchwäldern. Nahe der Niehuuser Burg geht es weiter auf dem an dieser Stelle originalgetreu rekonstruierten Ochsenweg (Dänisch Hærvejen), jahrhundertelang die wichtigste südliche Verkehrsader nach Dänemark für Händler, Soldaten und Pilger.

Ausgangspunkt: Niehuus mit Parkgelegenheit in der Dorfmitte (Navi: Schloßberg, 24955 Harrislee).
ÖPNV: Bushaltestelle »Niehuus Dorf« mit wenigen Verbindungen zu Schulzeiten Richtung Kupfermühle/Wassersleben sowie Mitfahrbank in Niehuus. Alternativ Bahnhof Padborg mit zweistündlichen IC-Verbindungen von/nach Flensburg. Vom Bahnhof 1 km zur Tour bei WP 2 über Jernbanevej, dann rechts Nørregade, vor der Bahnbrücke links in Haraldsvej und auf diesem bis zu WP 2. Oder Bushaltestelle »Krusau DK« mit Flensburger Stadtbuslinien 1 und 7, www.aktiv-bus.de. Von dort den Markierungen des Gendarmenpfads 3 km in südwestlicher Richtung folgen bis zur Tour bei WP 3.
Anforderungen: Leichte Wanderung auf kleinen Straßen und Waldpfaden.
Markierung: Zwischen WP 2 und 3 Gendarmenpfad, markiert mit blauem Zöllner auf weißem Grund; sonst großteils alter Ochsen- und Pilgerweg (Via Jutlandica).
Einkehr: Keine.
Variante: Abkürzung um 1 km zur Niehuuser Burg 500 m nördlich vom Niehuuser See durch rechte Abzweigung auf kleinem Pfad (Wanderschild Richtung Niehuus).
Kombi-Tipp: 3 km lange Fortsetzung auf dem Gendarmenpfad ab WP 3 zum Grenzübergang Krusau (siehe ÖPNV) und von dort Tour 2 oder Tour 4.
Karte: Wander- und Freizeitkarte 1:50.000 Blatt 4 Flensburg/Kappeln (LV-GeoSH).

Am Niehuuser See.

Gendarmenpfad nach dem Niehuuser See.

In **Niehuus** ❶ folgen wir den Markierungen der Via Jutlandica südwärts entlang der Berghofstraße und vorbei am Aussichtssteg mit Blick zur Rechten auf den im Mittel 1,70 m tiefen Niehuuser See. Nach 1,5 km verlassen wir bei einer T-Kreuzung den links abzweigenden Pilgerweg, indem wir uns rechts halten und kurz darauf auf der kleinen Straße (Sackgassenschild, später Radweg) die Grenze überschreiten.

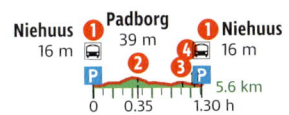

Am Ortsanfang des dänischen **Pattburg/Padborg** ❷ schwenken wir nach rechts und stoßen auf die Markierung des prämierten Grenzweges Gendarmenpfad/Gendarmsti, der uns rechts in das von der Krusau/Kruså durchflossene bewaldete Tal führt. 5 Minuten nach einem Picknickplatz bieten sich rechts wieder Blicke auf den von der Krusau/Kruså gespeisten Niehuuser See mit seinem Flachwasserufer. 500 m

Krusau zwischen dem Niehuuser See und dem Mühlensee.

nach dem Nordufer des Sees ignorieren wir den rechts abzweigenden Pfad (s. Variante) und folgen dem geschwungenen Verlauf des Gendarmenpfads geradeaus, der beim **Grenzübergang Rønsdam** ❸ eine kleine Straße erreicht, über die jahrhundertelang ein Pilgerweg und der historisch bedeutende Ochsenweg verliefen als wichtigste Verkehrsader Dänemarks in den Süden. Der ehemals wichtige Grenzübergang wurde zur Zeit der RAF-Terroranschläge in Deutschland von dänischer Seite massiv verstärkt und erst seit dem Schengen-Abkommen nicht mehr vollständig bewacht.

Wir folgen der Straße nach rechts – wieder zurück in Deutschland – über originalgetreu rekonstruiertes Kopfsteinpflaster des Ochsenweges. Nach der Querung der Krusau/Kruså über eine um 1800 errichtete Steinbrücke ragt rechts der Hügel der im 14. Jh. errichteten und im 15. Jh. zerstörten **Niehuuser Burg** ❹ auf, strategisch günstig gelegen an einer Schleife der Krusau/Kruså und neben der Funktion als Zollstelle einst vorgeschobener Posten der Flensburger Stadtbefestigung. Dokumente belegen Zolleinnahmen um 1400 für jährlich rund 10.000 Ochsen. Die Burg wurde im 15. Jh. zerstört, rund 500 Jahre später der Schlossberg abgetragen und mit dem Abraum der Burggraben verfüllt – seitdem ist die Anlage der ehemaligen Burg kaum erkennbar.

Die Via Jutlandica führt uns wieder südwärts über die Straße Schlossberg nach **Niehuus** ❶.

↗ 150 m | ↘ 160 m | 20.2 km

5.00 h — Kruså-Kupfermühle – Gravenstein/Gråsten — 4

Streckenwanderung in Dänemark an der Flensburger Förde

Der Gendarmenpfad (dänisch »Gendarmstien«) folgt auf einer Länge von 84 Kilometern als erster prämierter dänischer Fernwanderweg der deutsch-dänischen Grenze zwischen Pattburg/Padborg und Skovby bei Sonderburg/Sønderborg. Wo früher Grenzer patrouillierten, genießen heute Wanderer weite Blicke über die Flensburger Förde. Zwei Touren in diesem Buch (diese und Tour 5) beschreiben zwei besonders schöne Uferetappen, die einfach von Flensburg mit dem Bus erreichbar sind. Diese Etappe führt vom Grenzübergang bei Kruså-Kupfermühle nach Gravenstein/Gråsten, bekannt als Sommerresidenz der dänischen Königsfamilie.

Ausgangspunkt: Dänischer (nördlicher) Teil vom Grenzübergang Kruså-Kupfermühle mit Parkplatz (Navi: Flensborgvej 13C, 6340 Kruså, Dänemark).
Endpunkt: Gravenstein/Gråsten, Bushaltestelle Alnor, Egernsund Brovej, nördlich davon Parkplätze im Gewerbegebiet Ulsnæs.
ÖPNV: Am Ausgangs- (Haltestelle Kruså Busstation) und Endpunkt (Haltestelle »Alnor, Egernsund Brovej«) sowie entlang der Strecke (Kollund, Rønshoved, Rinkenæs) verkehrt von Flensburg Linie 110 Mo.–Sa. stündlich, So. alle zwei Stunden, www.sydtrafik.dk (nur Dänisch, Fahrplan auch auf deutscher Website von www.aktiv-bus.de). Der Ausgangspunkt (Haltestelle Krusau DK) sowie die Variante ab Wassersleben werden häufig von den Stadtbussen 1 und 7 bedient, www.aktiv-bus.de.
Anforderungen: Leichte Wanderung auf schönen Pfaden und Waldwegen sowie stellenweise kleine Straßen.
Markierung: Gendarmenpfad, markiert mit blauem Zöllner auf weißem Grund.
Einkehr: Grenzübergang Kruså-Kupfermühle, Süderhaff/Sønderhav (täglich), Stranderott/Stranderød vor Gravenstein/Gråsten (Mo. und Di. Ruhetag).
Varianten: 1) Einstieg ab Wassersleben mit Parkplatz und Bushaltestelle (1 km kürzer): Von Wassersleben nordwestwärts auf dem Radweg neben der Straße, 250 m nach einem Supermarkt rechts in den Dammweg. 200 m nach dem kleinen Grenzhäuschen an der Förde erreichen wir den Gendarmenpfad und folgen ihm geradeaus. 2) Abstecher (200 m) zum Industriedenkmal Kupfermühle: 1,5 km nach dem Start rechts (siehe Tour 3). 3) Bei Hochwasser das sumpfige Gelände vor Gravenstein/Gråsten besser umgehen (markiert mit weißen Männchen auf blauem Grund): Nach dem Campingplatz Lærkelunden (WP 7) links, dann rechts in Nederbyvej und Radweg, weiter auf Bomhusvej, dann rechts auf Gammel Faergevej zum Ende der Tour.
Kombi-Tipp: 6 km lange Fortsetzung auf dem Gendarmenpfad südwestwärts nach Pattburg/Padborg (Tour 3) oder ostwärts Richtung Sonderburg/Sønderborg (Tour 5).
Karte: Wander- und Freizeitkarte 1:50.000 Blatt 4 Flensburg/Kappeln (LVGeoSH).

Markierung Gendarmenpfad.

Gendarmenpfad bei Kollund.

Vom dänischen Abschnitt am **Grenzübergang Kruså-Kupfermühle** ❶ führt der Gendarmenpfad zusammen mit dem Radweg Østersøruten zunächst ostwärts über den Madeskovvej, knickt rechts ab, führt dann links über die Kruså/Krusau und nach einer Rechtskurve in den Wald oberhalb des Grenzflusses. Rechts begleitet uns bis zur Flensburger Förde die »Schweinemauer«, ein etwa 1 m hoher Metallzaun, der 2019 von den Dänen an der deutschen Grenze angelegt wurde, um die bedeutende eigene Schweine-Industrie vor dem Grenzübertritt von Wildschweinen und damit dem Import der Afrikanischen Schweinepest zu hindern, während gleichzeitig alle Wildschweine im eigenen Land bis 2021 erlegt wurden. Was nicht immer hilft: Einwanderungswillige Wildschweine wählen gelegentlich den Wasserweg und schwimmen durch die Flensburger Förde.

Nach 1 km zweigt rechts ein Pfad ab zum Industriedenkmal Kupfermühle (siehe Tour 3), wir aber folgen dem Gendarmenpfad hinunter zur Flensburger Förde, dort beim 1920 eingerichteten und seit dem Schengen-Abkommen 2001 verwaisten **Grenzübergang Schusterkate/Skomagerhus** ❷ links, vorbei an einem überdachten Biwakierplatz an der Förde, und nach 800 m in einer Linkskurve des Radweges geradeaus auf dem Pfad in den schluchtenreichen Wald, der kurz vor Kollund bald wieder zusammen mit dem Radweg in den Küstenort **Kollund** ❸ führt. Dort quert der Gendarmenpfad mehrmals die Straße Fiordvejen, führt nach einem Camping-

Hafen von Gravenstein/Gråsten.

platz durch Kollund Østerskov und kurz darauf durch Wald, ehe er sich vor **Süderhaff/Sønderhav** ❹ wieder der Flensburger Förde annähert und dort entlang der Küstenstraße führt, vorbei an Annies Kiosk, einem legendären Kiosk, nach einem Zeitungsbericht der »berühmteste Hotdogstand Süddänemarks«. Vor der Küste liegen die beiden Ochseninseln (Okseøer), die ihren Namen vermutlich der mittelalterlichen Nutzung als Weidegebiet unweit des Ochsenweges verdanken. Der Gendarmenpfad folgt der Küste und erreicht nach Querung eines ufernahen Feuchtgebietes **Rønshoved** ❺, bekannt für die Rønshoved Højskole, eine typisch dänische informelle Weiterbildungseinrichtung für Erwachsene mit mehrmonatigen Kursen.
Vorbei an Stranderott/Stranderød mit dahinterliegendem Golfplatz (Vorsicht vor fliegenden Bällen!) genießen wir weiterhin den Weg der früheren

Zöllner entlang der Förde. Der Gendarmenpfad passiert bei Dalsgård das 1896 erbaute Leuchtfeuer **Forfyr Rinkenæs** ❻, dessen 10 m hohes Licht 13 km weit zu sehen ist. Kurz nach dem **Campingplatz Lærkelunden** ❼ erreicht der Fernwanderweg Alnor, einen Stadtteil von **Gravenstein/Gråsten**, zweigt dort im Stadtpark landeinwärts nach links und setzt sich am Ende des Parks rechts fort auf der kleinen Straße Gammel Færgevej, wörtlich »Alter Fährweg«. Hier verlassen wir den Gendarmenpfad, biegen links in den Gammel Færgevej, nehmen nach 200 m den rechts aufwärtsführenden Weg und erreichen hinter dem Ortsendeschild von Alnor die Hauptstraße Egeland Brovevej mit der Bushaltestelle **Gråsten-Alnor, Egernsund Brovej** ❽ zur Linken – die Busse nach Flensburg fahren auf der gegenüberliegenden Seite.

5 Gravenstein/Gråsten – Sonderburg/Sønderborg

↗ 140 m | ↘ 130 m | 18.2 km
4.30 h

Streckenwanderung auf altem Grenzweg

Während der Gendarmenpfad zwischen Gravenstein/Gråsten und Sonderburg/Sønderborg der buchtenreichen Halbinsel Broager Land entlang der Küste über 40 Kilometer folgt, verkürzt diese Tour diesen Abschnitt auf eine tagestourtaugliche Entfernung und folgt ebenfalls großteils der Flensburger Förde. Von der Höhe bei Broager und den Düppeler Schanzen bieten sich weite Blicke, ehe entlang dem Fördeufer der Zielort Sonderburg/Sønderborg erreicht wird.

Ausgangspunkt: Gravenstein/Gråsten, Bushaltestelle »Alnor, Egernsund Brovej«, nördlich davon Parkplätze im Gewerbegebiet Ulsnæs.
Endpunkt: Busbahnhof von Sonderburg/Sønderborg. Der dortige Innenstadtparkplatz ist zeitlich begrenzt (2 Stunden), daher bei Autoanfahrt für diese Wanderung am besten parken auf den zeitlich unbeschränkten Parkplätzen zwischen den Pfeilern unter der Sundbrücke (Wegweiser an Brücke: P Gendarmstien).
ÖPNV: Am Ausgangs- und Endpunkt hält die von/ab Flensburg fahrende Linie 110 Mo.–Sa. stündlich, So. alle zwei Stunden, www.sydtrafik.dk (nur Dänisch, Fahrplan auch auf deutscher Website von www.aktiv-bus.de). Unterwegs werden bei Broager mehrere Haltestellen von der Buslinie 223 von/nach Gravenstein/Gråsten und Sonderburg/Sønderborg bedient, www.sydtrafik.dk.
Anforderungen: Leichte Wanderung auf Pfaden und Waldwegen sowie stellenweise kleine Straßen und Radwege.
Markierung: Gendarmenpfad, markiert mit blauem Zöllner auf weißem Grund.
Einkehr: Rendbjerg (Mi. Ruhetag und tagsüber nur am Wochenende), Vemmingbund (täglich), Sonderburg/Sønderborg.
Varianten: 1) 1 km langer Abstecher zum Infozentrum Düppeler Schanzen ab WP 5. Dort bei rotem Pfahl dem Graspfad links hinauf landeinwärts folgen und bei Abzweigungen links folgen vorbei an weiteren Verteidigungsanlagen mit weitem Blick auf die Flensburger Förde (gelben Pfeil ignorieren). 2) Verlängerung: Der Gendarmenpfad umrundet die gesamte Halbinsel Broager Land entlang der Küstenlinie; das wären 22 km zusätzlich, also nur mit Zwischenübernachtung machbar, etwa nach 26 km bei Broager Strand Camping (auch Hütten).
Tipp: Museum Historiecenter Dybbøl Banke (täglich, 20 € Eintritt) zu den Düppeler Schanzen (s. Variante).
Kombi-Tipp: Fortsetzung auf dem Gendarmenpfad westwärts (Tour 4) oder ostwärts nach Høruphav (zusätzlich 10 km) mit Busverbindung nach Sønderborg.
Karte: Wander- und Freizeitkarte 1:50.000 Blatt 4 Flensburg/Kappeln (LVGeoSH).

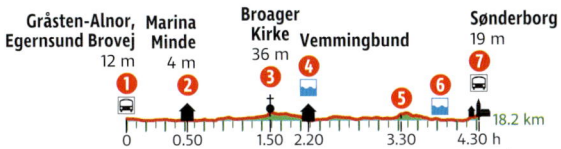

Die Tour beginnt zunächst so, wie Tour 4 endet: Von der Bushaltestelle **Alnor, Egersund Brovej** ❶ gehen wir südwärts durch die Grünanlagen und folgen der Straße Fjordkobbel nach links in östliche Richtung, biegen nach 150 m rechts in den Fjordparken und folgen dem Radweg südwärts. Bei einer T-Kreuzung führt uns die Straße Gammel Færgevej rechts auf den Gendarmenpfad, der den Weg durch den Gravensteiner Stadtteil Alnor vorgibt. Nach einer Spitzkehre und Treppe erreicht er die Straßenbrücke und quert mit dieser den Egernsund über eine Klappbrücke, die im Sommerhalbjahr stündlich um viertel nach geöffnet wird. Auf der anderen Seite führt der Gendarmenpfad rechts über die Treppe abwärts und über die Straßen Solbakken und Sundgade durch die Gemeinde Egernsund Sogn. 50 m nach der Kirche biegen wir rechts in den Fjordvej und weiter uns rechts haltend am Ufer der Förde entlang mit dem 14 m hohen Leuchtturm Laagmai/Lågemade Forfyr und dem **Jachthafen Marina Minde** ❷, angelegt an der Stelle einer früheren Ziegelei. Der Gendarmenpfad führt mit weiteren rechten Abzweigungen in das Dorf Broager.

Am Anfang verlassen wir den rechts abzweigenden Gendarmenpfad, der 25 km entlang dem Ufer der Halbinsel Broager Land verläuft, ehe er bei Vemmingbund wieder unsere Tour erreicht. In Broager folgen wir der Møllegade und zweigen in der Ortsmitte vor der Bibliothek und einem Supermarkt nach links (Vestergade). Weiter geht es halb rechts durch den Stadtpark auf die weißen gotischen Doppeltürme der romanischen **Broager Kirke** ❸ zu. Vor der Kirche nimmt uns rechts der Parkvej auf, ehe wir geradeaus dem Vemmingbundvej durch ein Wohnviertel und schließlich

Windmühle bei den Düppeler Schanzen.

aus Broager hinaus folgen – mit einem gut begehbaren Radweg auf der linken Seite (Schild: »Sti ti Vemmingbund«), der nach 10 Minuten eine Straße unterquert und links eine weite Aussicht über die Felder bietet.
In **Vemmingbund** ❹ erreichen wir beim Strand wieder die Flensburger Förde mit dem Gendarmenpfad und folgen diesem ostwärts, vorbei an der **Düppeler Schanze/Dansk Skanse 1** ❺, mit einem roten Markierungspfahl und Betonresten in einem Grashügel, einem wichtigen Schauplatz im deutsch-dänischen Krieg 1864, als zehn dieser Schanzen von den Preußen erstürmt wurden. Der Gendarmenpfad erreicht nach einer weiteren Schanze und dem Strand von **Düppel/Dybbøl** ❻ die Stadt Sonderburg/Sønderborg, die durch den 250 m breiten Alsensund getrennt wird. Nach Querung dieses Sunds über die Straßenbrücke scharf rechts abwärts zur Uferpromenade, dort links. Nach 150 m auf der Uferpromenade erregt eine Skulptur die Aufmerksamkeit: »Butt im Griff« – eine von mehreren Versionen der bekanntesten Skulptur des Schriftstellers Günter Grass, eine weitere Version steht im Innenhof des Günter Grass-Hauses in Lübeck (Tour 60). Hinter der Skulptur biegen wir links in die Lille Havnegade und wandern teilweise über Stufen aufwärts in das Zentrum. Dort geht es am Rathausplatz/Rådhustorvet mit großem Brunnen links in die Perlegade, nach 200 m rechts in die Jernbanegade und auf dieser zur Busstation von **Sonderburg/Sønderborg** ❼.

↗ 35 m | ↘ 35 m | 8.6 km

2.00 h — Arnkielpark – Sankelmarker See – Oeversee — 6

Wassererlebnispfad rund um den Sankelmarker See

Der Sankelmarker See liegt von Bäumen gesäumt im Norden der Flusslandschaft Eider-Treene-Sorge. Er ist am Ende der letzten Eiszeit aus einer abgetrennten Gletscherzunge in einem Toteisloch entstanden und steht unter Naturschutz. Die Begehung des Wassererlebnispfads rund um den See lässt sich mit dem Besuch der Megalithen im Arnkielpark sowie einem Abstecher zum Historischen Krug in Oeversee verbinden, der schon zu Zeiten der dänischen Könige bestand und während des Deutsch-Dänischen Kriegs 1864 als Lazarett fungierte: Erstmals in der Geschichte wurde hier nach der Gründung des Roten Kreuzes die Flagge mit dem Schutzzeichen gehisst.

Ausgangspunkt: Arnkielpark (41 m), Parkplatz am Infopavillon (Navi: Munkwolstruper Weg, 24988 Oeversee).
ÖPNV: Bushaltestelle »Sankelmark« am Ausgangspunkt mit mind. stündlichen Verbindungen der Linien 640 und 860 von/nach Flensburg, www.aktiv-bus.de
Anforderungen: Der naturbelassene Seerundweg kann bei feuchter Witterung passagenweise morastig sein.
Markierung: Stellenweise Pilgerweg Via Jutlandica (stilisierte Jakobsmuschel), Europäische Fernwanderwege E1 und E6 (weißes X).
Einkehr: Kiek in, Oeversee.
Karte: Wander- und Freizeitkarte 1:50.000 Blatt 4 Flensburg/Kappeln (LV-GeoSH).

Der **Arnkielpark** ❶ ist eine archäologisch-landeskundliche Freilichtanlage mit einem Rundhügel- und sechs Großsteingräbern, darunter das mit 70 m Länge und 132 Findlingen größte rekonstruierte Großsteingrab Nordeuropas. Namensgeber des Parks ist der Apenrader Magister Troels Jørgensen Arnkiel, der 1690 auf seiner Ochsenweg-Wanderung einige der Anlagen ausführlich beschrieb. Seine Schilderungen veröffentlichte er im

Das größte rekonstruierte Großsteingrab Nordeuropas im Arnkielpark.

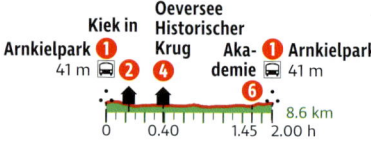

Essay »Die Cimbrische Heydenreligion« (1702).

Vom Park folgen die Europäischen Fernwanderwege 1 und 6 und die mit der Jakobsmuschel markierte Via Jutlandica dem Munkwolstruper Weg hinab zur Bundesstraße. Dahinter geht es rechts versetzt zwischen der Bushaltestelle »Sankelmark« und dem Denkmal im Wald für im Deutsch-Dänischen Krieg gefallene Soldaten auf dem Fußweg durch den Wald zum Sankelmarker See und dort links zum Beginn des Wassererlebnispfads am Südostufer unterhalb der Gaststätte **Kiek in** ❷. An der nächsten **Verzweigung** ❸ verlassen die Fernwanderwege an einer aussichtsreichen Moräne, an der eine Erlebnispfadtafel über die Entstehung der Landschaft informiert, den See und leiten durch Wiesen und Felder in das Kirchdorf Oeversee. Dort geht es an der Straße Oeversee-Ring links ortseinwärts und auf den Stapelhorner Weg nach rechts, dann zweigt vor der Bushaltestelle »Oeversee Markt« links der autofreie Krugsteig ab, überquert die Treene und erreicht das Hotel **Historischer Krug** ❹. Der Sankelmarker Engpass, in dem See und Ortschaft liegen, bildete am 6. Februar 1864 während des Deutsch-Dänischen Kriegs den blutigen Schauplatz eines Gefechts, dessen Verlauf Theodor Fontane, der als Kriegsberichterstatter vor Ort war, in seinem Buch »Der Schleswig-Holsteinische Krieg im Jahre 1864« beschrieb. Alljährlich wird am 6. Februar der in der »Schlacht um Oeversee« gefallenen Soldaten gedacht. Der Historische Krug, eine seit 1519 bestehende Gaststätte, fungierte damals als erstes Rotkreuz-Lazarett.

Vom Historischen Krug geht es auf demselben Weg zurück zur **Fernwanderwege-Abzweigung** ❸ und dort links weiter auf dem Seerundweg, der dem Ufer zur **Westbucht** ❺ folgt. Vom dortigen Erlenbruch folgt der Erlebnispfad dem Nordufer und taucht schließlich in die Wälder um die **Akademie Sankelmark** ❻ ein. Hier zweigt links ein Weg ab, der im Linksbogen durch das parkartige Waldgelände und zuletzt auf der Zufahrt zur Bundesstraße führt. Hier geht es kurz links und dann auf dem ersten Weg rechts zurück zum Ausgangspunkt am Parkplatz vor dem Informationspavillon **Arnkielpark** ❶.

↗ 90 m | ↘ 90 m | 9.4 km

2.15 h
🚌 🚶

Fröruper Berge und Treßsee — 7

Aussichtsreiche Rundwanderung durch die Obere Treenelandschaft

Bei Oeversee fließt die Treene durch eine Landschaft mit großteils bewaldeten Endmoränen und einer Binnendüne, die schöne Blicke über das Flusstal bietet. Die Wanderung besteht aus zwei Schleifen, die auch einzeln begangen werden können: eine durch die Fröruper Berge, die andere über die seit 1937 geschützten Binnendüne am Treßsee, der als Quellgebiet der Treene gilt. Die Fröruper Berge sind geprägt durch den jahrzehntelangen und in den 1960er-Jahren eingestellten Abbau von Kies und Steinen für den Küstenschutz an der Nordseeküste, darunter den Hindenburgdamm nach Sylt.

Ausgangspunkt: Großsolter Weg am Nordrand der Fröruper Berge mit kleinem Wanderparkplatz (Navi: Großsolter Weg, 24988 Oeversee), alternativ größerer Parkplatz Frörupsand nahe WP 2.
ÖPNV: Bushaltestelle »Oeversee L317« am Historischen Krug 1,3 km vom Ausgangspunkt mit Linie 640 zweistündlich Richtung Flensburg und Schleswig, www.dbregiobus-nord.de. Von der Haltestelle auf L137 südwärts, dann links in Krokamp und bei Gabelung rechts in den Großsolter Weg.
Anforderungen: Leichte Wanderung über kleine Pfade, Radwege durch Wald, Wiesen und Heide sowie kleine verkehrsarme Straßen.
Markierung: Fast durchgehend Tiermarkierungen auf Holzpfählen (abwechselnd Schmetterling, Libelle, Reh, Eidechse), in Fröruper Bergen auch Markierungen für Europäische Fernwanderwege (X) und Pilgerweg Via Jutlandica.
Einkehr: Keine.
Varianten: Die beiden Schleifen können auch einzeln gegangen werden; als Runde durch die Fröruper Berge (3 km) oder über die Binnendüne am Treßsee (1,8 km) mit Parkgelegenheit bei WP 6. Bei der Schleife am Treßsee ist 150 m nach der Infotafel links eine Abkürzung möglich (0,5 km kürzer).
Karte: Wander- und Freizeitkarte 1:50.000 Blatt 4 Flensburg/Kappeln (LVGeoSH).

Aussichtsplattform mit Blick in das Fröruper Holz.

Vom Ausgangspunkt am **Großsolter Weg** ❶ folgen wir rechts dem Waldpfad südwärts in das Fröruper Holz mit Tiermarkierungen (Reh, Libelle, Schmetterling). Der Weg schlängelt sich durch die bewaldeten Endmoränen zu einer Kreuzung, an der rechts der Parkplatz Frörupsand liegt. Die Schmetterling-Markierung führt uns geradeaus zu einer **Aussichtsplattform** ❷ mit weitem Blick auf das Treenetal, in dem zum Ende der Weichseleiszeit vor rund 12.000 Jahren die Schmelzwässer der Gletscher, die am Eisrand auf Höhe der Fröruper Berge bis zu 300 m mächtig waren, abflossen.

Von der Aussichtsplattform wenden wir uns 50 m zurück, ehe uns links der mit dem Schmetterling markierte Waldpfad hinabführt und uns unten eine kleine Straße aufnimmt, markiert mit »X«. Nach 5 Minuten folgen wir bei einer Kreuzung links dem Pilgerweg Via Jutlandica in den Wald. 20 m nach einer Holzbrücke lädt auf einer Graslichtung eine Bank an einem **Teich** ❸ zur Pause ein. Kurz darauf passieren wir ein Reetdachhaus und folgen dem Pilgerweg am Waldrand erst nordwärts und später auf dem Großsolter Weg in nordwestliche Richtung (X, Pilgerweg).

In der Linkskurve biegen wir rechts in die mit einem Reh markierte **Waldstraße** ❹, halten uns bei der **Treenebrücke** ❺ erneut rechts und in der Linkskurve der kleinen Straße Augaarder Weg halb rechts (Zum Treßsee). In einer Linkskurve markieren **Infotafeln** ❻ den Beginn des Schutzgebietes Oberes Treenetal mit der Binnendüne.

Wir zweigen nach rechts in den einladenden Weg hinter dem rot-weiß-roten Pfahl, markiert mit einer Eidechse. Der Eidechsenweg kurvt bald nach links (Abkürzung), wir aber folgen dem Pfad geradeaus und nach 200 m vor einem Gatter leicht links dem Grasweg, der mit einem Abstand links am Treßsee vorbeiführt und schließlich einen guten Aussichtspunkt über den See erreicht. Der Treßsee war vor 5500 Jahren rund 25-mal größer als heute, schrumpfte aber infolge von Klimaänderungen und Kultivierungen auf seine heutige Größe.

Beim Julesee an der Treßsee-Binnendüne.

Durch offene Vegetation mit Heide erreichen wir einen **Aussichtspunkt** ❼ mit runder Holzbank unter einer Vogelbeer-Baumgruppe. Nach 30 m halten wir uns links und folgen dem mit der Eidechse markierten Weg rechts vorbei am Julesee, der in den 1990er-Jahren im Rahmen von Naturschutzmaßnahmen in einer natürlichen Senke durch Beenden der Entwässerung entstanden ist. Wir passieren wieder die **Infotafeln** ❻, gehen von dort zurück entlang der mit dem Reh markierten kleinen Straße über die **Treenebrücke** ❺, dahinter uns links haltend zurück zu den Fröruper Bergen und an deren Rand rechts zurück zum Ausgangspunkt am **Großsolter Weg** ❶.

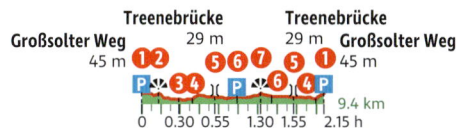

↗ 135 m | ↘ 160 m | 31.7 km

8 Oeversee – Idstedt – Schleswig

7.30 h

E 1 und Pilgerweg an die Schlei

Die Europäischen Fernwanderwege 1 und 6 sowie die Via Jutlandica des Jakobswegs führen gut markiert von der Ortschaft Oeversee am Sankelmarker Engpass durch die Feld- und Wiesenfluren der Geest über Idstedt zum Schloss Gottorf an der Inneren Schlei.

Ausgangspunkt: Historischer Krug in Oeversee Bushaltestelle »Oeversee L317« am Gasthof Historischer Krug (30 m), Parkmöglichkeit bei Kirche in Oeversee (Navi: Am Brautplatz 1, 24988 Oeversee).
Endpunkt: Busbahnhof Schleswig (5 m) mit mehreren Parkplätzen in der Nähe, etwa am Nordrand der Königswiesen (Navi: Wiesenstraße 1A, 24837 Schleswig).
ÖPNV: Bushaltestellen »Oeversee L317« am Ausgangs- und »Schleswig ZOB« am Endpunkt. Zwischen Oeversee und Schleswig verkehrt alle 2 Stunden die Buslinie 640 Richtung Flensburg und Schleswig mit u.a. den Haltestellen »Süderschmedeby, Flensburger Straße« bei WP 5, »Stenderupau, West«, »Stenderup, Poppholz« (WP 11), sowie im Norden Schleswigs »Schleswig, real/Fernsehturm«, www.dbregiobus-nord.de.
Anforderungen: Wechsel von Forst- und Asphaltwegen, Nebenstraßen und Pfadpassagen, größtenteils auch radgeeignet.
Markierung: Durchgehend Pilgerweg Via Jutlandica (stilisierte Jakobsmuschel), Europäische Fernwanderwege E1 und E6 (weißes X).
Einkehr: Oeversee, Idstedt (2021 geschlossen, Wiedereröffnung geplant nur Mo., Mi. und Fr. Abend), Schloss Gottorf, Schleswig.
Karte: Wander- und Freizeitkarte 1:50.000 Blatt 4 Flensburg/Kappeln (LVGeoSH).
Variante: Diese Tour kann dank ÖPNV in mehrere Etappen aufgeteilt werden, etwa 1) in Süderschmedeby nach 6,0 km, 2) ab Stenderup nach 10,7 km mit 2,2 km langem Zubringer zur Haltestelle »Stenderupau, West«, 3) ab Elmholz nach 13,0 km mit 2 km langem Zubringer (vor der Helligbekbrücke rechts, über Poppholz) zur Haltestelle »Stenderup, Poppholz«, 4) ab Idstedt nach 17,1 km mit 1,7 km langem Zubringer (Dorfstraße, Schulberg) zur Haltestelle »Idstedt, Kirche«, 5) am Lürschauer Weg westlich von Schleswig nach 26,6 km mit 0,7 km langem Zuweg links in Jägerredder zum Gewerbegebiet mit der Haltestelle »Schleswig, real/Fernsehturm«.
Hinweis: Zum Teilstück im Idstedter Gehege vgl. Tour 21, zu Schleswig Tour 22.

Am Idstedter See.

Schloss Gottorf.

Der nach einem Brand im Jahr 2021 wiedereröffnete **Historische Krug** am Grazer Platz in **Oeversee** ❶ diente im dänisch-preußischen Krieg 1864 den mit den Preußen verbündeten Österreichern als Stabsquartier. Außerdem war hier das erste Feldlazarett des kurz zuvor gegründeten Roten Kreuzes untergebracht. Wir gehen auf dem Rad- und Fußweg längs der

Landstraße kurz südwärts, bis die X-Markierung der Fernwanderwege links in die Straße Krokamp weist. An der Verzweigung geht es rechts auf dem Großsolter Weg auf die **Fröruper Berge** ❷ zu. In der zum Teil vermoorten Moränenlandschaft wurde im 20. Jh. Kies abgebaut, die Steine wurden mit einer Lorenbahn zur Nordsee abgefahren und beim Küstenschutz sowie zum Bau des Hindenburgdamms verwendet. Um 1950 begann eine Aufforstung der Fröruper Berge, die heute rückgängig gemacht wird: Fichtenmonokulturen werden entfernt, an ihrer Stelle soll ein Naturwald aus Buchen, Eichen, Birken, Ulmen, Eiben und Ahornen entstehen.

Beim Eintritt in den Wald wechselt der Fernwanderweg rechts auf einen Pfad, der sich durch das Frörupholz zu einem Moorgebiet schlängelt. Dort geht es auf dem Weg rechts und an der ersten Kreuzung links über Wiesen zum Waldrand zurück, wo bei Informationstafeln eine **Schutzhütte** ❸ zur Rast einlädt. Nach Verlassen des Schutzgebiets geben die kleinen Nebenstraßen Ballbek und Schmedebyer Straße die Route nach **Süderschmedeby** ❹ vor. Die Schmedebyer Straße leitet weiter ins Wäldchen Kirchenholz, wo eine weitere Schutzhütte ermattete Wanderer erfreut, dann ist **Sieverstedt** ❺ erreicht. Der Wander- und Pilgerweg strebt der auf einem Hügel über dem Dorf thronenden Petrikirche zu, dahinter geht es südwärts durch die Feldflur. Hinter Stenderup halten wir uns an einer markanten Gabelung links und gehen dann geradeaus. Im Waldstück

Elmholz ❻ enden vorübergehend Asphaltbelag und Wegbepflasterung. Vom südlichen Waldrand geht es zwischen Landwirtschaftsflächen hindurch zu den Häusern von **Stolkerfeld** ❼ und dann südwärts durch die Bauerschaft Röhmke zu einer Pilgerschutzhütte vor einem Gehöft. Kurz darauf ist das Kirchdorf **Idstedt** ❽ erreicht.

Von der Ortsmitte folgen die Fernwanderwege der Dorfstraße links zum Wanderparkplatz des Idstedter Sees am Ortsrand. Ab hier führen uns die Fernwanderwege wie bei Tour 21 beschrieben vorbei an einer Solarfarm zum **Räuberhöhlen-Parkplatz** ❾. Vom Parkplatz folgt der Wanderweg der Kreisstraße nach links, biegt aber gleich an der ersten Straße wieder rechts ab und zieht dann an der Verzweigung links zwischen Betonwerk und Baggerseen hindurch, ehe er in ein Gehölz eintaucht. Die Fernwanderwege nutzen nun fast durchgehend schöne Waldwege, bis sie auf den

Lürschauer Weg ❿ treffen, der nach kurzer Zeit links die B 201 überquert. An der Husumer Straße gehen wir erneut nach links, dann rechts auf dem Königswiller Weg zum **Globushaus** im Gottorfer Terrassengarten und weiter zum **Schloss Gottorf** ⓫. Vom Schloss leiten die X-Markierungen auf der Lindenallee (Zufahrt) südwärts. Nach der Querung des Gottorfer Damms über die Ampel halten wir uns links und folgen dem Rad-/Fußweg rechts neben der Hauptstraße am Schleiufer, entsprechend der Ostvariante der Via Jutlandica. Wir passieren die Königswiesen mit dem Aussichtsturm und wenden uns an deren Ende nach links auf der Plessenstraße zur **Altstadt von Schleswig** ⓬ mit dem Busbahnhof davor.

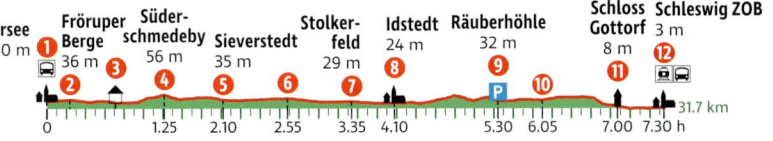

9 | Glücksburg – Quellental – Solitüde

↗ 105 m | ↘ 105 m | 12.5 km
3.00 h

Schlössertraum und Sandstrände an der Flensburger Förde

Schloss Glücksburg am Südufer der Flensburger Innenförde ist Deutschlands größtes Wasserschloss und als »Wiege von Königreichen« Namensgeber einer weit verzweigten Dynastie, deren heute bekannteste Häupter Königin Margrethe II. von Dänemark und der dänische Kronprinz Frederik sowie König Harald von Norwegen und sein Thronfolger Haakon sind.

Ausgangspunkt: Fördeland Therme (13 m), Parkplatz gegenüber oder wenige Dutzend Meter nördlich bei Bushaltestelle »Kurpark/Strand« (Navi: Sandwigstraße 1, 24960 Glücksburg).
ÖPNV: Bushaltestelle »Fördeland Therme« am Ausgangspunkt. Linie 21 von Flensburg nach Glücksburg (alle 1–2 Std.), www.foerde-bus.de.

Anforderungen: Bequeme Promenaden und Waldwege.
Markierung: Zwischen WP 6 und 9 Fördersteig.
Einkehr: Glücksburg, Meierwik (Alter Meierhof), Solitüde.
Karte: Wander- und Freizeitkarte 1:50.000 Blatt 4 Flensburg/Kappeln (LV-GeoSH).

Auf der Waldseite der **Fördeland Therme Glücksburg** ❶ zweigt bei der Bushaltestelle »Kurpark/Strand« die autofreie Promenade Richtung Schloss/Stadtmitte von der Sandwigstraße ab. Sie führt an einem weiteren Parkplatz, am Kurpark und an den Tennisplätzen vorbei zum Forsthaus und mündet hier in die Wilhelminenstraße, die links über die Schwennau hinweg zum im 16. Jh. aufgestauten **Schlossteich** ❷ überleitet; bei der Flutung versanken die Gebäude des Rüdeklosters. Mit schönem Blick auf die Insel mit dem Schloss führt der Rundweg unter alten Bäumen rechts weiter – links geht es direkt zur Königseiche ❺ – und folgt schließlich der Schlossallee links zum Parkplatz und zum Zugang zu Schloss **Glücksburg** ❸.
Vom Schloss geht es am Ufer entlang in den frei zugänglichen **Schlossgarten** ❹, einen Barockgarten, der im 19. Jh. nach dem Vorbild englischer Landschaftsparks umgestaltet wurde. Im Rosarium auf dem Gelände der ehemaligen Schlossgärtnerei werden über 500 Kletter- und Wildrosen kultiviert. Weiter dem Ufer folgend erreichen wir die **Königseiche** ❺ in der Nordbucht, unter der sich einer Informationstafel zufolge der Lieblingsplatz von König Frederik VII. befand. Von der Eiche führt der Weg durch den Park zur Schwennau, wo er in die Schuldtstraße mündet. Wir gehen

hier links (Talweg), am Ende noch einmal links (Sandwigstraße) bis zur Bushaltestelle und dort rechts autofrei zum **Kurstrand Sandwig** ❻ mit dem Schiffsanleger an der Seebrücke und einem schönen Blick auf die nahe dänische Küste mit den Ochseninseln.

Am Kurstrand Sandwig folgen wir der Wasserlinie (oder der Kurpromenade) fördeeinwärts zum Glücksburger Sportboothafen in Quellental, wo sich an der Fördestraße 37 das Planetarium befindet und im Süden der waldumgebene Westerwerker See liegt, auf dem im Winter bei gutem Eis Schlittschuhläufer zwischen Glühweinständen ihre Runden drehen.

Nach Überqueren der weißen **Stegbrücke** ❼ geht es an den Parkplätzen rechts weiter, am Restaurant Quellental vorbei zum Naturstrand Quellental, vor dem eines der beliebtesten Tauchreviere in der Flensburger Förde liegt. Kurz vor dem Strand zweigt links der Waldweg in die Buchenwälder des Forstes Wille ab. Wegen der Schur durch den Seewind weisen viele Buchen bizarre Wuchsformen auf. Die inzwischen aufgelöste Kaserne Meierwik umgeht der Wanderweg an der Küste, dann mündet er als Alter Weg in die Uferstraße am **Hotel Alter Meierhof** ❽. Hier finden wir neben der Einkehr auch eine Haltestelle des Fördebusses (Linie 21) vor, der uns bei Bedarf zurück zum Ausgangspunkt bringt. Noch ein Stück weiter westwärts ist an der Küste Flensburgs Haus- und Hofstrand **Solitüde** ❾ erreicht. Hier finden wir Spielplätze, Volleyballfelder und ein Restaurant vor; und wie allen Seebrücken wollen wir auch der hiesigen einen Besuch abstatten, ehe

Schloss Glücksburg.

es am Strandpavillon vorbei auf demselben Weg zurück zum **Hotel Alter Meierhof** ❽ geht.

Die Mittkoppel führt uns nun am Kindergarten vorbei in den Wald hinein. An ihrem Ende geht es links zum verlandenden **Roikier See** ❿, der im 13. Jh. von Mönchen des Glücksburger Zisterzienserklosters zum Zweck der Süßwasserversorgung und der Karpfenzucht angelegt wurde und heute von Wasservögeln aufgesucht wird. Der Waldweg endet am **Hundewald-Parkplatz** ⓫ an der Uferstraße, dahinter führt links versetzt die Sandwigstraße zum Ausgangspunkt an der Fördeland Therme **Glücksburg** ❶ zurück, wo man sprudelnde Geysire, Schwallduschen und Wassermassagen erleben, der Unterwassermusik lauschen oder im Whirlpool und der Saunalandschaft entspannen kann.

↗ 55 m | ↘ 55 m | 5.0 km

1.15 h

Glücksburg – Friedeholz 10

Dolmenpfad im Friedeholz

Der Glücksburger Dolmenpfad führt zu zehn Grabhügeln und Steingräbern in den Laubwäldern des Friedeholzes und vermittelt auf Tafeln Wissenswertes über die Steinbauten und Grabanlagen der Jungsteinzeit und Bronzezeit im heutigen Schleswig-Holstein.

Ausgangspunkt: Parkplatz Friedeholz (15 m), gekennzeichnet mit dem skandinavischen Zeichen für Sehenswürdigkeiten (Navi: Paulinenallee 1A, 24960 Glücksburg).
ÖPNV: Bushaltestelle »Glücksburg-Schwennaustraße« der Linie 21 aus Flensburg (alle 1–2 Std.), www.foerde-bus.de. Von der Haltestelle der Paulinenallee 100 m in Fahrtrichtung folgen, dann scharf links zum Parkplatz Friedeholz.
Markierung: Glücksburger Dolmenpfad mit Wegweisern und Schleifenquadraten (skandinavisches Zeichen für Sehenswürdigkeiten).
Anforderungen: Bequeme Waldwege und -pfade.
Einkehr: Keine.
Karte: Wander- und Freizeitkarte 1:50.000 Blatt 4 Flensburg/Kappeln (LVGeoSH).

Dolmen sind zu kultischen Zwecken errichtete »Tischsteine« (bretonisch taol = Tisch, maen = Stein) der Jungsteinzeit. Ihre Wände bestehen aus plattigen Stützsteinen, die mit der Schmalseite auf den Boden gesetzt sind. Eine Deckplatte liegt auf den Stützsteinen auf und überdeckt den Zwischenraum, sodass eine Kammer entsteht. Anders als die aufrecht stehenden Menhire waren viele Dolmen über Jahrhunderte hinweg verborgen, denn die Kammer wurde überhügelt, also mit Erde bedeckt. Die meisten Lang- bzw. Rundhügel hatten an ihrem Fuß eine Einfassung aus Findlingen. Ein Dolmen mit nur einer Deckplatte wird als einfacher Dolmen bezeichnet. Allseits geschlossene einfache Dolmen (ohne Eingang) heißen Urdolmen. Beim **Parkplatz Friedeholz** ❶ taucht der mit dem skandinavischen

Feuchtbiotop Vogelwiese.

Sehenswürdigkeiten-Symbol markierte Dolmenpfad links von der Infotafel auf einem Forstweg in das Friedeholz ein, passiert die ausgeschilderte Abzweigung zum Waldmuseum (Abstecher, 500 m), führt geradeaus (Richtung Waldspielplatz/Schausende) an der Waldarbeiterhütte vorbei und erreicht dann das **Wildschweingehege** ❷. Dort geht es sich links haltend weiter. Nach Passieren des Waldspielplatzes erreicht man die erste Megalithanlage, einen Dolmen. Beim Biotop **Elfenwiese** ❸ flüstert, raschelt und weht es, wie es die Tafel mit dem Elfengedicht »Die Begegnung« von Eleonore Herrmann verspricht, und nach dem Südknick des Wanderwegs informieren Tafeln über einen weiteren Dolmen und einen **Urdolmen** ❹. Wenig später lenkt ein Findling mit Gletscherschliff die Aufmerksamkeit auf sich.
Der Rundweg passiert nun eine ausgeschilderte Abkürzungsmöglichkeit und führt zur Dolmenkammer und den Grabhügeln beim **Parkplatz Schauenthal** ❺ im Südosten des Friedeholzes. Von dort folgen wir dem Rundweg auf der Holnisstraße am Abenteuerspielplatz vorbei und schwenken vor der ersten Kurve wieder in den Wald ein. Links weitet sich das Feuchtbiotop **Vogelwiese** ❻, eine Wiese, auf der sich im Mittelalter zwei Seen befanden. Im 19. Jh. wurde das Gelände trockengelegt und 2005 wieder vernässt. Seit einiger Zeit nistet ein Seeadler im Friedeholz. Eine aussichtsreiche Sitzbank lädt zur Rast ein.
Nun schlängelt sich der mehr oder weniger breite Pfad zwischen Feuchtwiese und Moränenhügeln unter zum Teil alten Buchen hindurch zu einem ausgeschilderten Langbett. Von dort zieht der Rundweg links zurück zum bereits bekannten Wegstück, auf dem es links zu unserem Ausgangspunkt am **Parkplatz Friedeholz** ❶ zurückgeht.

↗ 50 m | ↘ 50 m | 10.5 km
2.30 h

Holnis – Schausende – Drei

TOP 11

Am nördlichsten Punkt des deutschen Festlandes

Die Halbinsel Holnis ragt 6 Kilometer in die Flensburger Förde und nähert sich Dänemark bis auf 1,7 Kilometer, sie trennt Innen- und Außenförde und markiert den nördlichsten Punkt des deutschen Festlandes. An der Innenförde hat sich mit dem Kliff eine sehenswerte Steilküste gebildet, während Drei an der Außenförde mit einem beliebten Sandstrand aufwartet. Im Frühjahr und im Herbst machen Zugvögel auf Holnis Station, am Ufer sind dann verschiedene Watvögel zu beobachten, während sich im Wasser Höcker- und Singschwäne, Gänse und Enten tummeln.

Ausgangspunkt: Parkplatz an der Wendeschleife am Ende der Holnisser Noorstraße (15 m) nordöstlich von Glücksburg wenige Gehminuten vor dem Hotel »Fährhaus« (Navi: Holnisser Noorstraße, 24960 Glücksburg).
ÖPNV: Bushaltestellen »Holnis, Wendeplatz«, am Ausgangspunkt sowie »Schausende« zwischen WP 8 und 9, beide mit Linie 21 Richtung Glücksburg/Flensburg (alle 1–2 Std.), www.aktiv-bus.de, außerdem Mitfahrbank bei WP 8.
Anforderungen: Überwiegend bequeme Landwirtschaftswege sowie Sandwatt am Spülsaum.
Markierung: Wegweiser »Holnis Rundweg« mit rotem Pfeil sowie Fördesteig
Einkehr: Fährhaus Holnis, Schausende, Drei.
Karte: Wander- und Freizeitkarte 1:50.000 Blatt 4 Flensburg/Kappeln (LV-GeoSH).

Rad- und Wanderweg auf der Holnis-Halbinsel.

Zwischen dem Fährhaus und der Holnisser Nordspitze.

Vom **Parkplatz** ❶ in der Wendeschleife am Ende der Holnisser Noorstraße führt der für den öffentlichen Verkehr gesperrte Fontaneweg (Zur Salzwiese) zum nahen Hotel-Restaurant **Fährhaus Holnis** ❷, das in alten Zeiten die Gäste vor der Überfahrt nach Dänemark versorgte und heute abseits des Autoverkehrs am Beginn des Naturschutzgebiets liegt.

Hinter dem Hotel beginnt der aussichtsreiche Wanderweg, der durch das Naturschutzgebiet zur Nordspitze mit Blick auf die dänische Halbinsel Broager Land führt. **Holnis Spitze** ❸ ist der nördlichste Punkt des deutschen Festlandes, Dänemark liegt zum Schwimmen nah. Der Pfad senkt sich zum Ufer am Steilkliff, wo einst die Wander- und Radelfähre nach Brunsnæs an- und ablegte. Nordwärts ragt ein Nehrungshaken in die Förde hinein; hier wird das Lockermaterial angelandet, das die Meeresströmung aus dem Holnis Kliff herausbricht.

Der Weg folgt der Wasserlinie links an einem Haus und einer Sitzbank vorbei. Ungeachtet des Kliffs ist der Strand überwiegend feinsandig. Der Strandweg endet vor einer Salzwiese an einem zweiten Nahrungshaken und ein mit »Seemannsgrab« ausgeschilderter Wanderweg führt landeinwärts zum schönen Rastplatz am heckenrosenbewachsenen **Holnis Kliff** ❹, wo zwischen Bäumen schon der Leuchtturm Holnis in Schausende her-

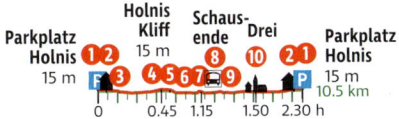

vorspitzt. Vorbei am Pumpwerk des **Kleinen Noores** ❺, in dem sich seit der Wiedervernässung im Jahr 2002 Brackwassergesellschaften und Salzwiesen entwickeln, folgt der aussichtsreiche Weg der Küste südwärts. Unterwegs sind Nehrungshaken zu beobachten, die aufeinander zuwachsen.
Kurz vor Schausende überquert der Weg das Schöpfwerk **Holnis Noor** ❻. Noch vor 300 Jahren waren das Große und das Kleine Holnis Noor Meeresbuchten; sie wurden in den 1920er-Jahren trockengelegt, um Landwirtschaftsflächen zu schaffen. Heute wird das Große wie das Kleine Noor in ein Salzwiesenbiotop umgewandelt. Zu diesem Zweck wird das Oberflächenwasser durch das Schöpfwerk in die Innenförde geleitet.
Nach Passieren des Schöpfwerks erreicht der Weg die Häuser von **Schausende** ❼ mit dem 27 m hohen Leuchtturm Holnis, nördlichster Ostsee-Leuchtturm Deutschlands. Der Ortsname Schausende für die Siedlung vor dem Wald ist eine Verballhornung des dänischen Namens »Skovsende«, »Wald-Ende«.
Am **Sportboothafen** ❽ von Schausende schwingt der Wanderweg landeinwärts und durchquert auf der Straße Kobbellück den Hals der Halbinsel.

Die Wasserfläche **Neupugum** ❾ rechts vom Weg ist ein weiteres Überbleibsel der Meeresbuchten, die der Halbinsel Holnis noch vor 300 Jahren nur eine ganz schmale Landverbindung ließen.
Am Ostufer erreicht der Weg den Ausflugs- und Badeortort **Drei** ❿ (dänisch Draget) an der Flensburger Außenförde. Mit Blick auf die offene Ostsee folgen wir der Promenade längs des viel besuchten Bade- und Kurstrands nordwärts, bis wir das **Fährhaus Holnis** ❷ unweit des **Ausgangspunkts** ❶ erreichen.

↗ 90 m | ↘ 90 m | 9.8 km

12 Unewatt – Langballigau – Westerholz

2.30 h

Erlenbruchwald und Eisvögel an der Langballigau

Vom Landschaftsmuseum Angeln im »Museumsdorf« Unewatt geht es durch ein geschütztes Autal mit typischer Vegetation zum Naturbadestrand vor der Steilküste zwischen Langballigau und Westerholz.

Ausgangspunkt: Marxenhaus (21 m), Landschaftsmuseum Angeln. Parkplatz vor dem Museum (Navi: Unewatter Straße 1A, 24977 Langballig).
ÖPNV: Bushaltestelle »Unewatt Nordstraße« am Landschaftsmuseum, Linie 1605 Richtung Kappeln von Flensburg ZOB (alle 1–2 Std.), www.aktiv-bus.de.
Anforderungen: Meist bequeme Wege, der Bohlensteg im Erlenbruch kann bei feuchter Witterung rutschig sein.
Markierung: Zwischen WP 5 und 6 Fördersteig.
Einkehr: Unewatt (Landhaus Unewatt), Langballigau.
Karte: Wander- und Freizeitkarte 1:50.000 Blatt 4 Flensburg/Kappeln (LVGeoSH).

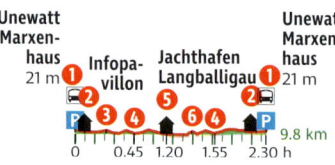

Das Landschaftsmuseum Angeln besteht aus »Museumsinseln« im ehemaligen Gutsdorf Unewatt. Am Ortseingang befindet sich das aus Süderbrarup hierher versetzte **Marxenhaus** ❶, ein Südangeliter Fachhallenhaus von 1626, das 1797 und 1825 umgebaut wurde; daneben steht die dazugehörige Wandständerscheune. Auf der schmalen Unewatter Straße geht es unter Laubbäumen ortseinwärts – ausgeschildert mit »Zur Buttermühle«, denn

Dänischer Kaufmann (Købmand) am Sportboothafen von Langballigau.

beim Gasthof **Landhaus Unewatt** ❷ wurde eine Buttermühle rekonstruiert. Das in der Au aufgestaute Wasser im Mühlenteich treibt hier ein oberschlächtiges Wasserrad an, das im Inneren des Meiereigebäudes ein Drehbutterfass bewegt. Bachaufwärts befindet sich eine Fischtreppe, um Lachsen die Wanderung zu ihrem Laichgebiet zu ermöglichen, und noch etwas weiter oben steht die ebenfalls rekonstruierte Getreidewindmühle Fortuna, ein Galerieholländer von 1878. Flussabwärts wächst ein für das Autal charakteristisches Erlenbruch.

An der Kreuzung am Gasthaus führt die Schmiedestraße links ortsauswärts, bis rechts ein von Obstbäumen flankierter Feldweg abzweigt, auf dem wir einen schönen Blick auf das Tal der Langballigau haben. Vor dem **Klärwerk** ❸ senkt sich der Wanderweg rechts hinab ins Tal, wo er im feuchten Erlenbruch als Bohlensteg geführt wird. An der Einmündung in den Autal-Wanderweg im ebenfalls als Naturschutzgebiet ausgewiesenen Zuflusstal der Schulau geht es rechts über die Langballigau hinweg und dahinter links; hier kann man, sofern man sich ruhig verhält, den legendären Eisvogel beobachten. Im rechten Talhang führt der Weg mit Ausblicken auf Sauergraswiesen, Schilf und Bruchwald durch einen Buchenwald bachabwärts. Schließlich führen Stufen auf den Bergrücken Knös hinauf. Der Wald öffnet sich und an einem **Infopavillon** ❹ in der Wiese bietet sich eine gute Aussicht auf die Förde. Dann geht es links wieder hinab zur Langballigau, die hier unter dem Blätterdach von Erlen dahinplätschert und die Route bis zur Mündung am Fischerei- und **Jachthafen Langballigau** ❺ vorgibt. Am Naturstrand von Langballigau geht es rechts zum Campingplatz Westerholz; oberhalb der Steilküste zeigt sich das Flügelkreuz der 1876 erbauten Kornmühle Steinadler; der zum Restaurant umgebaute Galerieholländer wurde durch die Fernsehserie »Der Landarzt« bundesweit bekannt.

Vor dem Campingplatz geht es hinauf zur **Haffstraße** ❻, hinter der der Wanderweg rechts abzweigt und wieder in das Tal der Langballigau einschwingt. Bald erreichen wir die bereits bekannte Verzweigung beim Infopavillon ❹ am Knös. Diesmal nehmen wir den Weg, der auf der Ostseite des Bergrückens durch naturnahe Wälder führt und dann in die Feldflur eintritt, durch die es zurück zur Ortsmitte von **Unewatt** ❷ und zum Ausgangspunkt am **Marxenhaus** ❶ des Landschaftsmuseums Angeln geht.

↗ 40 m | ↘ 40 m | 14.8 km
3.30 h

13 Wackerballig – Grahlenstein – Gelting

Zwei-Häfen-Wanderung an der Geltinger Bucht

Vom Sportboothafen und Badestrand Wackerballig folgen wir dem Schwanenwanderweg entlang der aussichtsreichen Ostküste des Segelreviers Geltinger Bucht zum Naturlehrpfad durch den Nordschauwald und in den Reetdachweiler Düstnishy. Anschließend lohnt die Runde über den Freizeithafen Gelting-Mole und den Luft- und Kneippkurort Gelting.

Ausgangspunkt: Sportboothafen Wackerballig (1 m) mit Parkplatz am Ende der gleichnamigen Straße (Navi: Strandweg 1, 24395 Gelting).
ÖPNV: Bushaltestellen »Lehbek/Nordstraße« (WP 8) und »Gelting/Nordstraße« (WP 10) mit Buslinie 800 alle 1–2 Stunden Richtung Flensburg und Kappeln, www.aktiv-bus.de.
Anforderungen: Leichte Wiesen-, Wald- und Sandwege und -pfade, die Nordrunde ist naturnah und autofrei, die Südrunde folgt oftmals Straßen.
Markierung: Mit Schwan markierte »Route Schwan« bei der nördlichen Schleife bis kurz vor WP 5 sowie stellenweise Förderoute.
Einkehr: Wackerballig, Gelting-Mole, Lehbek (Janbeck's Café), Gelting.
Karte: Wander- und Freizeitkarte 1:50.000 Blatt 4 Flensburg/Kappeln (LV-GeoSH).

Wackerballig ❶ an der Geltinger Bucht ist das Wassersportrevier des Luftkurorts Gelting mit Badestrand, Campingplatz, Sportboothafen und dem Restaurant Strandhuus. Der Hafen ist ein Inselhafen mit Anlegern für 230 Boote, eine 200 m lange Seebrücke führt zur Insel, der Blick reicht bis nach Gelting-Mole, der zweiten Geltinger Marina.

Der mit einem Schwan markierte Rundwanderweg folgt dem Deich mit Blick auf die dänische Halbinsel Broager Land, auf die Sunderburger Bucht und die Halbinsel Kegnæs nordwärts bis an den Rand des Naturschutzgebiets Geltinger Birk; landeinwärts liegt hier der Siegfried-Lenz-Teich, den die Gemeinde Gelting dem Masuren-Schriftsteller 2011 anlässlich seines 85. Geburtstags schenkte. Dahinter schwingt der Weg rechts zu einem **Aussichtspunkt ❷** zwischen der Geltinger Bucht und der Nebenbucht Geltinger Noor, von deren gegenüberliegendem Ufer das Flügelkreuz der Windmühle Charlotte herübergrüßt. Die Schwäne auf dem Geltinger Noor haben dem Wanderweg seinen Namen und seine Markierung gegeben.

Weiter geht es ins Naturschutzgebiet Nordschauwald, in dem Lehrtafeln über Pflanzen, Tiere und die Geschichte des Waldes informieren. Der Nord-

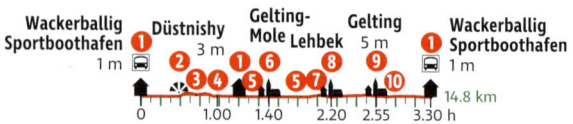

schauwald ist ein kleiner Rest jenes riesigen Waldes, der die Halbinsel Angeln noch im Mittelalter bedeckte. Dieser Wald, damals »silva Gelting«, also »Geltinger Wald« genannt, war alten Geschichten zufolge so dicht, dass Eichhörnchen von Kappeln bis Gelting springen konnten, ohne einmal den Boden zu berühren. Auf Bogislaw de Grahl geht der Name des Herrenhauses **Grahlenstein** ❸ zurück, das am östlichen Waldrand liegt. De Grahl hatte das Anwesen erworben, um seinen Freund Frederik VII., den letzten Oldenburger König von Dänemark, angemessen empfangen und mit ihm in dem großen, tiefen Wald jagen zu können. Das Herrenhaus fiel 1983 einem Feuer zum Opfer, wurde aber originalgetreu wieder aufgebaut.

Nach Verlassen des Waldes durchquert der Schwanenwanderweg den Reetdach-Weiler **Düstnishy** ❹, mündet südlich davon in die Strandzufahrt und folgt ihr rechts zurück zum Strand von **Wackerballig** ❶. Hier schlagen wir kurz vor dem Restaurant Strandhuus links den autofreien Weg ein, der durch ein Feuchtgebiet und hinter der ersten **Baumreihe** ❺ entlang zum Sportboothafen **Gelting-Mole** ❻ führt. Auch hier laden Restaurants zur Einkehr ein, der Blick fällt zurück auf Wackerballig.

Marina Wackerballig.

Zurück geht es zunächst auf demselben autofreien Weg, bis vor der **Baumreihe** ❺ ein Feldweg landeinwärts zu einem Gehöft und zur **Nordstraße** ❼ führt, die als Ferienstraße Flensburg und Kappeln verbindet. Wir wandern zunächst auf dem sie begleitenden Rad- und Fußweg ostwärts, lassen uns aber an den Bushaltestellen »Lehbek/Nordstraße« in **Lehbek** ❽ von einer Krebs-Markierung rechts in die Straße Lehbek locken und an Janbeck's Café vorbeiführen, wo man im Bauerngarten Torten naschen oder ein zweites Frühstück einnehmen kann. Wenig später folgen wir der Straße durch eine Linkskurve, bis uns eine Fledermaus-Markierung links in die Feldflur und stellenweise sehr aussichtsreich in den Luftkurort **Gelting** ❾ leitet, der 1990 erster Kneippkurort an der Ostsee wurde. Dort geht es auf der von Einkehrmöglichkeiten gesäumten Durchgangsstraße nordwärts über die **Nordstraße** ❿ hinweg. Nun wandern wir auf der parallel zur Nordstraße verlaufenden Wolfgang-Miether-Straße links zwischen Einfamilienhäusern hindurch. An ihrem Ende queren wir rechts zur Schmiedestraße, der wir nach links folgen, bis an ihrem Ende rechts der Verlobungsweg beginnt. Er führt an zwei Gehöften vorbei in die Feldflur und zurück zur Strand- und Hafenzufahrt in **Wackerballig** ❶.

↗ 10 m | ↘ 10 m | 14.2 km

3.15 h

Geltinger Birk – Leuchtturm Falshöft

TOP 14

Seevögel und Wildpferde zwischen Außenförde und Ostsee

Die Geltinger Birk ist ein Natur- und Vogelschutzgebiet an der nordöstlichsten Landspitze Angelns, in dem neben über 200 Vogelarten Wildpferde und Hochlandrinder zu beobachten sind. Der Küstensaum mit Dünen, Salzwiesen und verlandenden Schilfsümpfen war bis zur Bedeichung eine Lagune mit einem breiten Fächer von Strandwällen. Die meist recht steinigen Strände bei Falshöft mit dem markanten rot-weiß gestreiften Leuchtturm gehören nicht mehr zum Schutzgebiet und laden zum Bad in der offenen Ostsee ein.

Ausgangspunkt: Parkplatz am Birk-Kiosk (3 m) am Ende des öffentlich befahrbaren Abschnitts der Straße Beveroe in der Gemeinde Gelting; Anfahrt von Gelting auf der Straße Zur Birk.
ÖPNV: Nicht sinnvoll. Der nächstgelegene Bushalt »Nieby Elsthol« wird nur wenige Male an Schultagen bedient (Linien 626 und 833).
Markierung: Blau markierter Möwenweg sowie zwischen WP 1 und 6 Fördersteig.
Anforderungen: Leichte Wiesen-, Wald- und Sandwege und -pfade.
Einkehr: Birk-Kiosk, Falshöft.
Karte: Wander- und Freizeitkarte 1:50.000 Blatt 4 Flensburg/Kappeln (LVGeoSH).

Der Parkplatz am **Birk-Kiosk** ❶ ist der ideale Ausgangspunkt für Wanderungen im 773 ha großen Schutzgebiet Geltinger Birk; da die vorgeschlagene Route recht lang und bei schönem Wetter der Sonne ausgesetzt ist, kann man sich hier noch einmal mit Getränken versorgen. Dann gelangt man auf dem aussichtsreich oberhalb des Steilufers der von Schwänen belebten Bucht Geltinger Noor verlaufenden Landwirtschaftsweg zur reetgedeckten Windmühle Charlotte, einem Kellerholländer, der 1826 als Kornmühle und zur Entwässerung der Niederungen erbaut wurde und heute als Ferienhaus dient. Die vorgeschlagene Wanderung folgt auf beinahe der gesamten Strecke der blauen Markierung des Möwenwegs. Von der Windmühle führt sie den Wanderer unter den Rufen Hunderter Wasservögel zunächst aussichtsreich, dann zwischen Bäumen und Buschwerk und schließlich zwischen Galloway-Weiden und dem Steilufer hindurch zur Geltinger Bucht. Dort folgt der Weg der Küste längs des Vogel-

Im »Gespensterwald« der Geltinger Birk.

Blick Richtung Dänemark bei der Naturschutzbund-Informationshütte.

schutzgebiet-Vorlands, hinter dem in der Ferne der rotweiße Leuchtturm Kalkgrund hervorspitzt. Der Weg ist aus der Fernsehserie »Der Landarzt« bekannt: Hauptdarsteller Walter Plathe fuhr hier in fast jeder Folge mit seinem Jeep entlang. An der ersten Verzweigung geht es links auf einem schmaleren Weg durch den »Gespensterwald«: Die Bäume im ehemaligen Park des Schlosses Gelting haben durch den salzigen Seewind »gespenstische« Wuchsformen angenommen, auch ein Kauz ruft gelegentlich. Am Rand des Laubwaldes, der zugleich der Rand der ehemaligen Insel Beveroe ist, liegt die **Naturschutzbund-Informationshütte Geltinger Birk** ❷, von der aus sich das Treiben der Vögel auf den vorgelagerten Sandbänken und in Schilfsümpfen beobachten lässt. Die Hütte ist von April bis Oktober Startpunkt geführter Wanderungen in das Naturschutzgebiet.

An der Infohütte verzweigt sich der Weg: Der aussichtsreiche Fußweg führt oben, ein Radweg etwas weiter unten zu einer **Wildpferde-Beobachtungsstelle** ❸ und weiter bis fast zur **Nordspitze** ❹ der Birk sowie der Halbinsel Angeln. An der Nordspitze reicht der Blick vom Leuchtturm auf der Untiefe Kalkgrund am Ausgang der Flensburger Förde über die dänische Insel Als mit der Halbinsel Kegnæs bis zum dänischen Festland. Zwischen Weg und Wasser erstreckt sich die Sandbank Birknack.

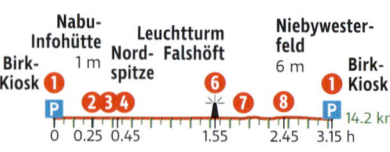

Von der Nordspitze führt der Weg, der sich inzwischen zu einem Sandpfad verjüngt hat, weiter Richtung Falshöft, Sitzbänke laden zu aussichtsreicher Rast ein. Jenseits des Naturschutzgebiets folgt der Weg der Steilküste, an deren steinigen Stränden auch gebadet werden kann. Bald nach Passieren des **Falshöft-Parkplatzes** ❺ ist der gusseiserne **Leuchtturm Falshöft** ❻ erreicht. Der 24,4 m hohe Turm wurde 1910 in Betrieb genommen, 2002 erlosch das Orientierungsfeuer für die Schifffahrt. Heute kann der Turm bestiegen werden, beherbergt ein Museum und fungiert als Trauzimmer von Pommerby.
Vom Leuchtturm geht's zurück zum **Falshöft-Parkplatz** ❺; von dort folgen wir dem Wanderweg nördlich um den Ort Falshöft. Wer einkehren will, geht mit dem Möwenweg durch den Ort: Ferien- und Reetdachhäuser säumen die Stichstraße, darunter der Lichthof Angeln, ein reetgedecktes Klinkerhaus aus dem Jahr 1859. Das älteste Gebäude in Falshöft beherbergt eines der bekanntesten Cafés im Norden der Halbinsel Angeln.
Westlich des Orts mündet der Wanderweg kurz in die Straße **Falshöft** ❼, verlässt sie aber gleich wieder nach rechts und folgt der Möwenweg-Markierung an der ehemaligen Marinekaserne vorbei zum Weiler **Niebywesterfeld** ❽. Von dort geht es über Wiesen zurück zum Ausgangspunkt am **Birk-Kiosk** ❶.

15 Exhöft – Oehe – Maasholm

↗ 12 m | ↘ 12 m | 9.4 km
2.15 h

An der Mündung der Schlei

Das Naturerlebniszentrum Maasholm-Oehe-Schleimünde auf einem ehemaligen Militärgelände an der Mündung der Schlei führt Naturerlebnis, Meeresforschung, Umweltbildung und sanften Tourismus zusammen. Seine Umgebung, eine von der Eiszeit geprägten Moränenlandschaft, lässt sich nicht nur zu Fuß, sondern auch mit einem Leihfahrrad gut erkunden.

Ausgangspunkt: Wanderparkplatz Naturerlebniszentrum (1 m) am Beginn der für den öffentlichen Verkehr gesperrten Straße Exhöft im gleichnamigen Ortsteil der Gemeinde Maasholm (Navi: Exhöft, 24404 Maasholm).
ÖPNV: Bushaltestelle »Maasholm, Exhöft« am Ausgangspunkt sowie »Schmiedestraße« in Maasholm mit Linie 625 Richtung Kappeln Mo.–Fr. zweistündlich, Sa./So. 3 x täglich, www.dbregiobus-nord.de.
Anforderungen: Leichte Wiesen-, Wald- und Sandwege und -pfade.
Markierung: Zwischen WP 3 und bis kurz vor WP 1 Fördesteig sowie stellenweise grüne Markierung.
Einkehr: Maasholm.
Variante: Kurz vor dem Ende weiter entlang der Küste auf dem Radweg/Fördesteig und in Exhöft rechts zum Ausgangspunkt (300 m kürzer und weniger Straße).
Karte: Wander- und Freizeitkarte 1:50.000 Blatt 4 Flensburg/Kappeln (LV-GeoSH).
Tipp: Naturerlebniszentrum bei WP 1 mit Ausstellung in 6 Räumen über Aspekte zur Schlei.

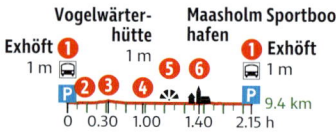

Am Wormshöfter Noor.

Am Wanderparkplatz Naturerlebniszentrum in **Exhöft** ❶ stehen ca. 30 kostenlose Leihfahrräder zur Fahrt ins Naturerlebniszentrum bereit – ein verlockendes Angebot, zumal der biologisch-geologische Lehrpfad, auf dem wir die Wanderung beginnen, asphaltiert ist. Tafeln am Wegrand informieren unter anderem über die Wikinger, den Anstieg des Meeresspiegels, Sturmfluten und die letzte Eiszeit.

Auf dem ersten links in den Wald **abzweigenden Weg** ❷ verlassen wir den Asphaltweg und gehen durch Wald und über Felder links hinaus zur Küste vor dem **Gut Oehe** ❸ im Ortsteil Maasholm-Bad; der Name des Guts, dänisch ursprünglich Øye (Insel), erinnert an eine ehemalige Insel an der Schleimündung. Nun geht es rechts an der Küste weiter: Entweder folgt man mit dem Leihrad dem fahrradfähigen Wirtschaftsweg oder zu Fuß dem Graspfad auf der Krone des Deichs oder dem Spülsaum am hellen Sandstrand. Alle Routen passieren das Naturerlebniszentrum Maasholm-Oehe-Schleimünde, das einige Meter landeinwärts liegt und eine Menge zu bieten hat. Auf dem ehemaligen Militärgelände wurden Kleingewässer, Trockenmauern, Knickhecken, eine Wildblumenwiese und kleine Waldbereiche angelegt, hinzu kommen Obst- und Beerengarten, ein »Sinnesgarten« und andere Biotope sowie Erlebnisstationen wie z. B. ein Hörrohr. Das Deutsche Jugendherbergswerk hat durch den Umbau ehemaliger Mannschaftsunterkünfte ein modernes Umwelthaus eingerichtet, das als Unterkunft und Tagungsort von Gruppen genutzt wird.

An der **Vogelwärterhütte** ❹, die eine kleine naturkundliche Ausstellung beherbergt und der Ausgangspunkt vogelkundlicher Führungen in das Naturschutzgebiet Oehe-Schleimünde ist, schwenkt der grün markierte Wanderweg ins Landesinnere ein und erreicht mit dem **Galgenberg** ❺ einen hervorragenden Aussichtspunkt über der Schleimündung. Eine verwitterte Inschrift auf einem langen Stein verkündet: »Hier verläuft der 10. Meridian. Maasholm – Hamburg – Tunis.«

Aussichtsreich folgt der Rundweg nun dem Deich an der Schleimündung. Kurz vor den ersten Häusern von Maasholm besteht die Möglichkeit, auf dem Wiesenweg Am Gretchenweg zwischen Knickhecken abzukürzen, während die Rundwanderung zum **Hafen Maasholm** ❻ führt. Hier haben wir einen hervorragenden Blick auf die Schleimündung, wo auf der Lot-

Der Sportboothafen von Maasholm.

seninsel der zurzeit schwarz-weiße Leuchtturm Schleimünde aus dem Jahr 1871 blinkt; würde die Plastikverkleidung entfernt, kämen die schönen gelben Klinker aus der Erbauungszeit wieder zum Vorschein. Erreichbar ist der 15 m hohe Leuchtturm nur mit dem Boot.

Immer dem Ufer folgend passieren wir zahlreiche maritime Verweilpunkte. Am Ende des Fischerdorfs führt ein Fuß- und Radweg längs des Zufahrtsdamms mit Blick auf das Wormshöfter Noor zurück Richtung Exhöft. Kurz vor den Häusern zweigt rechts der ausgeschilderte Wanderweg Hegeberg ab, der in den vom Beginn der Wanderung bekannten Asphaltweg mündet. Dieser führt links zum **Wanderparkplatz Naturerlebniszentrum in Exhöft** ❶ zurück, wo man auch das Leihfahrrad wieder abstellen kann.

↗ 40 m | ↘ 40 m | 12.4 km

3.00 h
🚌 ✕ 🍴 👫

Kappeln – Arnis 16

Hafenidyllen an der Schlei

Die Vorabendserie »Der Landarzt« hat die Schlei, einen Meeresarm zwischen Angeln und Schwansen, zum Inbegriff einer Bilderbuchlandschaft an der Fördenküste werden lassen. Traumhafte Aufnahmen, untermalt von Violinenklängen – ein Wasserlauf inmitten von Feldern und Wiesen in der Sommersonne, eine Windmühle und ein verträumtes Städtchen: Deekelsen. Eine Stadt dieses Namens gibt es in Wirklichkeit nicht, die Schauplätze liegen weit verteilt an den schönsten Orten der Region. Hauptdrehort aber ist Kappeln: Hier befinden sich das Rathaus und der Hafen – unser Ausgangspunkt –, die Schule und der Wochenmarkt, auf dem es immer frische Ware zum fairen Preis gibt. Asmussens Kneipe befindet sich in der Kappelner Fußgängerzone im Hotel Aurora, und im stattlichen spätbarocken Backsteinbau der Nikolaikirche predigt der Filmpastor Eckholm. Unsere Schlei-Erkundungstour führt uns vom »Deekelsener« Hafen in die malerische Inselstadt Arnis, wo wir nach Besichtigung der Schifferkirche mit einer kleinen Motorfähre aufs andere Schleiufer übersetzen.

Ausgangspunkt: Hafenparkplatz Kappeln (9 m) nördlich der Hospitalstraße (B 203) vor der Klappbrücke (Navi: Hohlweg, 24376 Kappeln).
ÖPNV: Bushaltestelle »Kappeln/Schlei Hafen« mit Linie 800 von/nach Flensburg (alle 1–2 Std.), www.aktiv-bus.de.
Anforderungen: Leichte Wiesen-, Wald- und Sandwege und -pfade.
Einkehr: Kappeln, Arnis.
Karte: Wander- und Freizeitkarte 1:50.000 Blatt 4 Flensburg/Kappeln (LV-GeoSH).
Hinweis: Eventuelle Wartezeiten bei der Fährüberfahrt sind in die Gehzeit nicht einberechnet.

Kappeln.

Der über 500 Jahre alte Heringszaun am **Kappelner Nordhafen** ❶ in der Schlei ist die letzte voll funktionsfähige mittelalterliche Fangvorrichtung für das »Silber des Meeres«. Noch 1469 gab es zwischen der Schleimündung und Arnis 38 dieser fest verankerten Holzreusen: Durch die Wände des Zauns wurden die Heringe zu Netzen geleitet, aus denen sie nicht entkommen konnten. Hauptfangzeit war das Frühjahr, die Zeit, zu der die Heringsschwärme aus der Ostsee in die Küstengewässer wandern, um zu laichen. Als sich der Heringsfang auf die offene See verlagerte, verloren die Heringszäune ihre Bedeutung und wurden abgerissen – bis auf den in Kappeln, für dessen Abriss damals kein Geld da war. Der historische Zaun steht heute im Zentrum der Fischwette bei den Kappelner Heringstagen, dem bedeutendsten Volksfest an der Schlei, das alljährlich an Christi Himmelfahrt beginnt und am darauffolgenden Sonntag mit einem Feuerwerk endet.

Vom Kappelner Hafen geht es auf der Promenade am Schleiufer südwärts unter der **Klappbrücke** ❷ hindurch, die das Angelner und das Schwansener Ufer verbindet und sich tagsüber jeweils zur Dreiviertelstunde für den Schiffsverkehr öffnet. Südlich der Brücke befinden sich der Sportboot- und Museumshafen **Südhafen** ❸ und der Bahnhof der Angelner Museumsbahn. Diese zu einem Großteil mit skandinavischen Waggons und Lokomotiven bestückte Dampfeisenbahn befährt im Sommerhalbjahr sonntags (und von Juni bis September auch mittwochs) die 15 km lange Strecke zwischen Süderbrarup und Kappeln.

Am Ende des Hafengeländes tauchen wir mit einem naturbelassenen Wanderweg in die Wiesen an der Schlei ein. An den Häusern von Königstein wechseln wir rechts auf die Zufahrt Königsteiner Straße. Wo diese nach Großgrödersby abwinkelt, gehen wir weiter geradeaus und bald auf einem Wiesenweg zum Jachthafen von Arnis, wo das Sailor's Inn zur Einkehr einlädt. Entlang der Friedenshöher Straße geht es in Deutschlands kleinste Stadt **Arnis** ❹, die auf einer im 15. Jahrhundert vom Angelner Festland abgetrennten und im 19. Jahrhundert wieder landfest gemachten Insel liegt. Längs der einzigen Straße des Ortes, der von zweihundertjährigen Linden gesäumten Langen Straße, reihen sich auf schmalen, bis ans Wasser reichenden Grundstücken 125 Häuser aus dem 18. und 19. Jahrhundert, etwa die Hälfte steht unter Denkmalschutz. Eine Marina mit 400 Bootsliegeplätzen ist Ausgangspunkt für Wassersportler und die gewerbliche Schifffahrt. Gegründet wurde Arnis – die dänische Bezeichnung »Arnæs« bedeutet »Adler-Landzunge« – von Flüchtlingen: Im Jahr 1667 verließen 64 Familien Kappeln, nachdem sie dem dortigen Grundherrn den Untertaneneid verweigert hatten; Herzog Christian Albrecht von Gottorf übereignete den Flüchtlingen daraufhin die 45 ha kleine, unbewohnte Schleiinsel, auf der sie sich eine neue Heimat aufbauten.

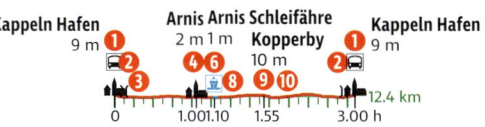

Hinter dem Parkplatz am Ortseingang von Arnis führt ein Fußweg rechts zur **Schifferkirche** ❺. Der Fachwerk-Saalbau von 1669 bildet den südwestlichen Abschluss des Orts; er steht auf einem baumbestandenen Hügel oberhalb des Strandbads, dem Arnis den häufig benutzten Namenszusatz »Bad« verdankt.

Vom Strand führt der autofreie Strandweg am Schleiufer zur **Schleifähre Arnis** ❻. Die kleine Motorfähre pendelt an einem Seil von Arnis zum Anleger **Sundsacker** ❼. Sie wird überwiegend von Radlern und Wanderern, aber auch von einer geringen Anzahl Autos bis 16 t genutzt.

Vom Anleger in Sundsacker folgt der Wanderweg zunächst der Zufahrt am Haus Amalienburg vorbei landeinwärts, wechselt dann links auf den **Marienthaler Weg** ❽ und erreicht am Jachthafen von **Kopperby** ❾ wieder die Schlei. Der Ufer- und später ein Wiesenweg leiten weiter zum Jachthafen in **Rückeberg** ❿. Wir folgen den Markierungen auf der Zufahrt landeinwärts und biegen dann links in die Lüttfelder Straße ein, die am Ende der Ortschaft Lüttfeld in die Eckernförder Straße mündet. Auf dem Rad- und Fußweg geht es zurück zur **Klappbrücke** ❷, auf der sich der beste Blick auf den historischen Heringszaun bietet. Hinter der Brücke liegt rechts der Ausgangspunkt am **Kappelner Nordhafen** ❶.

Bundesstraßen-Klappbrücke Kappeln.

↗ 25 m | ↘ 25 m | 10.1 km

17 Schönhagen – Schwansener See – Damp

2.15 h

Schönhagener Steilküste und Vogelparadies Schwansener See

Der Schwansener See ist Rückzugsraum für mehr als 120 Brutvogelarten und im Herbst bzw. Frühjahr Rast- und Überwinterungsgebiet für etwa 5000 Vögel. Ursprünglich war das Gebiet eine Ostseebucht; Sandverfrachtungen von der Steilküste bei Schönhagen führten im Lauf der Jahrtausende zur Bildung einer Nehrung, die die Bucht von der Ostsee abtrennte.

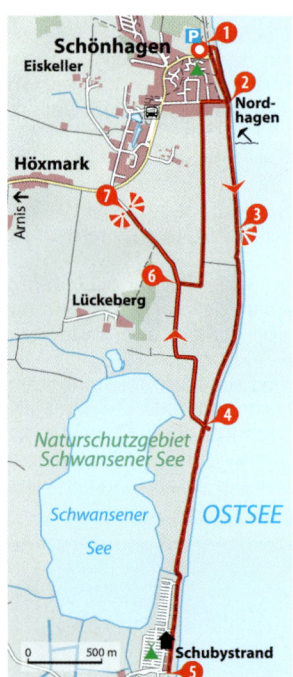

Ausgangspunkt: Strandparkplatz (1 m) am Ende der Strandstraße in Schönhagen (Navi: Strandstraße 13, 24398 Brodersby).
ÖPNV: Die nächste Bushaltestelle ist »Brodersby/Schönhagen Schloss« mit Linie 711 (Mo.–Sa. alle 2 Std.) von/nach Eckernförde, www.dbregiobus-nord.de. Von dort 300 m entlang der Nordhagener Straße zur Küste bei Nordhagen (WP 2).
Anforderungen: Leichte Wiesen-, Wald- und Sandwege und -pfade.
Einkehr: Schönhagen, Schubystrand.
Karte: Wander- und Freizeitkarte 1:50.000 Blatt 5 Schleswig/Eckernförde (LVGeoSH).

Am Strand vor dem Großparkplatz des Ostseebads **Schönhagen** ❶ ist die Zäsur in der örtlichen Uferlandschaft unübersehbar: Nordwärts bis zum maritimen Ferienresort Port Olpenitz an der Mündung der Schlei erstrecken sich kilometerweit Sandstrände, im Süden ragt bis zu über 10 m die Schönhagener Steilküste auf, zu der die Strandpromenade führt. Die Steilküste verändert insbesondere durch die Winterstürme Jahr für Jahr ihr Aussehen, durchschnittlich 80 cm werden alljährlich durch Wind, Seegang und Frostsprengung abgetragen und von der Meeresströmung südwärts verfrachtet, in manchen Jahren sind nach den Winterstürmen die hier unbefestigten Wander- und Fahrradwege verschwunden. Bei der Stufenanlage am nördlichen Ende der Steilküste in **Nordhagen** ❷ beginnt das Naturschutzgebiet Schwansener See. Der Uferwanderweg folgt der Küste, verläuft aber nicht am Strand, denn dort ist das Wandern in der Zeit vom 1. April bis Ende September aus

Strand von Schönhagen mit Blick auf Port Olpenitz.

Vogelschutzgründen passagenweise verboten. Informationstafeln berichten über das vielfältige Geschehen im Schilf, im Meer und im Brackwasser; von einer **Aussichtsplattform** ❸ aus lassen sich die Vögel beobachten. Kurz nach Passieren des ersten landeinwärts abzweigenden **Wirtschaftswegs** ❹ vermittelt eine Informationshütte weiteres Wissen über den nun nahen Schwansener See. Direkt südlich des Schutzgebiets beginnt der viel besuchte Sandstrand **Schubystrand** ❺ vor dem Ostseecampingplatz in Damp. Das noch etwas weiter südlich gelegene Ostseebad wurde 1973 auf einer Fläche von 15 ha in einer der damals einsamsten Küstengegenden Schleswig-Holsteins eröffnet. Maritimer Mittelpunkt ist der am über 3 km langen Strand gelegene Jachthafen mit mehr als 400 Liegeplätzen.

Am Schubystrand machen wir kehrt und wandern zurück zur Abzweigung des **Wirtschaftswegs** ❹. Er führt landeinwärts, passiert die **Rückweg-Abzweigung** ❻ und erklimmt nach und nach eine Anhöhe von fast 20 m Höhe. Von diesem **Aussichtspunkt** ❼ schweift der Blick auf das 215 ha große Naturschutzgebiet und den 112 ha großen Schwansener See, dahinter türmen sich die Häuser des Ostseebads Damp.

Von der Aussichtsstelle zurück zum zweiten links abzweigenden **Weg** ❻, der durch die grüne Niederung zurück zum Ostseebad Schönhagen führt. Dort leitet die erste Straße (Nordhagener Straße) rechts zurück zur **Steilküste** ❷, dann geht es links zum Ausgangspunkt am Ende der Strandstraße in Schönhagen ❶.

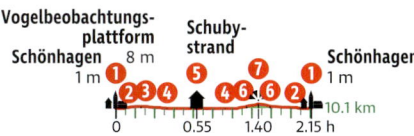

↗ 50 m | ↘ 50 m | 11.1 km
2.30 h

18 Stubbe – Büstorf – Rieseby

Paradiesischer Schleiwanderweg

Die Wanderung durch die herrliche Landschaft der alten Gutsbezirke Stubbe und Büstorf in der Gemeinde Rieseby ist wie eine Zeitreise in eine längst versunkene Welt.

Ausgangspunkt: Bahnübergang Stubbe (12 m, unbeschrankt!) an der L 283 vor der für den öffentlichen Verkehr gesperrten Zufahrtsstraße Segenredder zum Gut Stubbe, Parkmöglichkeit vorhanden (Navi: Stubbe, 24354 Rieseby). Alternativer Ausgangspunkt ist das Hofcafé Stubbe mit großem Parkplatz ca. 600 m weiter nördlich neben der Lindaunisbrücke (Navi: Lindaunisbrücke 1a, 24354 Rieseby).
ÖPNV: Bahnhof Rieseby auf der Regionalbahnstrecke Flensburg–Kiel. Vom Bahnhofsvorplatz auf der Eckernförder Landstraße nach links und nach 150 m auf der Hauptstraße (Dingstock, dann Dorfstraße) durch Rieseby. Am Ortsende etwa 200 m hinter dem Supermarkt auf kleinem Fußweg nach rechts am Angelsee vorbei wie nach WP 7 beschrieben. Bei WP 7 Bushaltestelle »Rieseby, Norby« mit Linie 713 täglich Richtung Fleckeby, www.dbregiobus-nord.de.
Anforderungen: Leichte Wiesen-, Wald- und Sandwege und -pfade.
Einkehr: Mit Abstecher Rieseby.
Karte: Wander- und Freizeitkarte 1:50.000 Blatt 5 Schleswig/Eckernförde (LVGeoSH).

Windmühle bei Rieseby.

Die für den öffentlichen Verkehr gesperrte, von Alleebäumen gesäumte Zufahrt führt vom unbeschrankten **Bahnübergang Stubbe** ❶ an gepflegten Gutshäusern und Pferdekoppeln vorbei zum **Gut Stubbe** ❷. Nach einem Blick auf das Torhaus schwenkt der beschilderte Wanderweg vor einem Haus links ein und erreicht im Uferwald bei einem Bootshaus die Schlei. Schon hier ist der Wanderweg schön, das einzig merkwürdige ist ein Geräusch, das sich als Rumpeln der Züge auf der Lindaunisbrücke entpuppt; die Klappbrücke über die Schlei ist an einer offenen Uferstelle, die als Bade- oder Angelplatz gedeutet werden kann, gut zu sehen. Hinter einem **Haus in Alleinlage** ❸ auf der Anhöhe über einer aussichtsreichen Lichtung taucht der Weg als urtümlicher Waldpfad ins Jahnsholz ein. Wo bald darauf eine kleine Verzweigung irritieren könnte, zeigt das Wanderwegschild nach rechts. Der Pfad führt hinauf auf ein aussichtsreiches **Steilufer** ❹, am Klifffuß kann man sich ins kühlende Nass stürzen.

Oben geht es über einige Stegbrücken, dann verlässt der Weg den Wald und folgt dem Ufer mit schönem Blick auf die Schlei zum **Büstorfer Anleger Holzhof** ❺ des Wassersportvereins Rieseby mit Bootsschuppen und Steg. Kurz darauf lassen wir das Ufer hinter uns und wechseln am Parkplatz bei **Gut Büstorf** ❻ in eine schmale Zufahrtsstraße, die durch die Felder hinauf in das alte Windmühlendorf **Rieseby** ❼ führt, dessen Kirchturm hinter den Hügeln hervorspitzt. An der Straße kurz links in den Ortsteil Norby und hinter der Windmühle Anna, die ein Heimatmuseum beherbergt, links ab auf einen Fußweg, am Sträßchen An de Wurth nach rechts und hinaus in die aussichtsreiche, sanft hügelige Feldflur.

Hinter einem ersten Gehölz geht es mit dem Hinweisschild »Stubbe« nach links. Der Wanderweg durchquert das **Petriholz** ❽, das in alten Zeiten als Grablege genutzt wurde, wie bronzezeitliche Grabhügel links des Wegs belegen, führt wieder über Felder und mündet schließlich bei Gut Stubbe ❷ in die vom Beginn der Tour bekannte Zufahrtsallee, die rechts zum Ausgangspunkt am unbeschrankten **Bahnübergang Stubbe** ❶ führt.

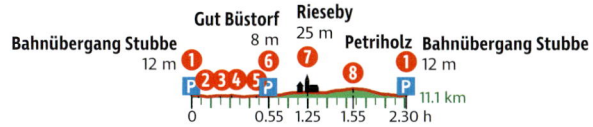

↗ 60 m | ↘ 60 m | 15.6 km
3.45 h

19 Missunde – Weseby – Louisenlund

Schleirunde an der Großen Breite

Von der Missunder Enge an der schmalsten Stelle der Schlei führt diese Wanderung zu den Badestränden an der Großen Breite, der breitesten Stelle der Schlei, und weiter zum Landschaftspark von Schloss Louisenlund.

Ausgangspunkt: Anleger der Missunder Fähre (7 m) im Koseler Ortsteil Missunde, Parkplatz an der Straße Schleiufer (Navi: Schleiufer, 24354 Kosel).
ÖPNV: Bushaltestelle »Missunde, Alter Schulweg« der 3- bis 6-mal täglich verkehrenden Linie 713 von/nach Rieseby (Bahnhof), www.dbregiobus-nord.de.
Anforderungen: Leichte Wiesen-, Wald- und Sandwege und -pfade.
Markierung: Zwischen WP 2 und WP 4 Pilgerweg Via Jutlandica (stilisierte Jakobsmuschel), zwischen WP 4 und 9 Naturparkwanderweg (gelber Pfeil).
Einkehr: Missunde.
Kombi-Tipp: Verlängerung mit Tour 20 ab Louisenlund (WP 7) zur alten Ziegelei Borgwedel.
Karte: Wander- und Freizeitkarte 1:50.000 Blatt 5 Schleswig/Eckernförde (LVGeoSH).

Der Fährort **Missunde** ❶ an der engsten Stelle der Schlei wurde 1115 unter dem Namen Versund (Fährsund) erstmals erwähnt und war bis ins 19. Jh. hinein ein heiß umkämpfter Ort. Der namensgebende Sund ist nur 4 km lang und 130 m breit. Der Uferweg folgt ihm vom Anleger der Missunder Schleifähre schleieinwärts zwischen dem Reetgürtel und bunten, oftmals reetgedeckten Wochenendhäusern hindurch. Der Blick auf die Türme der Domstadt Schleswig am gegenüberliegenden Ende der westwärts anschließenden Großen Breite ist beeindruckend. Schließlich zieht

Schloss Louisenlund.

der Pfad am Klifffuß unter verwilderten alten Bäumen an der Wasserlinie entlang in Richtung der Landzunge **Kielfot** ❷, wo ein Sperrzaun das Vordringen ins Naturschutzgebiet verhindert. Hier führt der Wanderweg links weiter und erreicht nach einem kurzen Schlenker im Missunder Wald das Ufer der Großen Breite, dem er zum **Wesebyer Strand** ❸ folgt. Auf der Zufahrt Zum Strand geht es erneut kurz landeinwärts nach **Weseby** ❹ und dann rechts auf den Tannenweg, der uns an einer weiteren Badestelle vorbeiführt und schließlich die Badestelle vor dem **Holmer See** ❺ erreicht.

Nach Überqueren eines Mündungsgrabens schwenkt der Weg zum dritten Mal landeinwärts ein und folgt dann der Hüttener Au über Wiesen zum **Sportboothafen Fleckeby** ❻ in Götheby-Holm. Dahinter taucht der Weg in den Wald ein, entfernt sich vom Ufer und mündet in den Louisenlunder Weg, die Zufahrt zum **Landschaftspark Louisenlund** ❼ rund um das gleichnamige Schloss. Das Gebäude selbst wird als Internat genutzt und ist nicht zugänglich, doch wir können eine ausgedehnte Runde durch den schönen Park machen, der 2008 als Landesgartenschaugelände genutzt wurde.

Von Louisenlund geht es auf derselben Route zurück bis zur Bushaltestelle in **Weseby** ❹ und dann rechts auf dem Wesebyer Weg weiter, bis an einer weiteren Bushaltestelle links der **Weg** ❽ in den Missunder Wald abzweigt. An seiner Mündung in den Missunder Weg wandern wir entlang der Straße kurz links, dann rechts hinauf zum **Hünengrab** ❾. Die schmale Straße Zur Fähre führt zurück zum Ausgangspunkt am **Fähranleger Missunde** ❶.

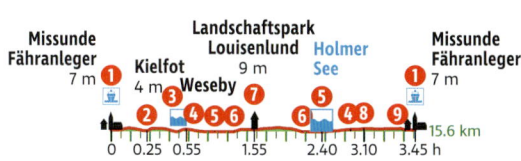

20 Borgwedel – Fleckeby

↗ 50 m | ↘ 50 m | 4.9 km
1.30 h

Kulturgeschichtliche Küstenwanderung

Diese kurze Rundtour durch den sogenannten Naturerlebnisraum »Ziegelei Borgwedel« führt zu einer Industrieruine am Südufer der Schlei. Die eiszeitlich bedingten Tonvorkommen und die Möglichkeit zur Verschiffung führten im 19. Jh. zur Ansiedlung von rund 25 Ziegeleien entlang der Schlei, die ihre Produkte bis nach England und in den baltischen Raum exportierten. Inzwischen hat sich die Natur die Flächen der 1956 eingestellten Ziegelei und des Tonabbaus zurückgeholt. Über die Entwicklung der Natur auf einer Industriebrache und über die Geschichte der Ziegelherstellung informieren mehrere Infotafeln. Gelegentlich sorgt ein Seeadler bei Wasservögeln für Aufregung, der bei Schleswig brütet.

Ausgangspunkt: Ziegeleiweg in Borgwedel mit Parkgelegenheiten am Seitenstreifen und Ende der Sackgasse (Navi: Ziegeleiweg, 24857 Borgwedel).
ÖPNV: Bushaltestelle »Borgwedel, Dorf« (WP 1) mit Linie 695 (Mo.–Fr. selten), www.dbregiobus-nord.de
Anforderungen: Leichte Wanderung über Wege und Pfade an und oberhalb der Schlei.

Markierung: Selten Wegweiser.
Einkehr: Keine.
Varianten: 1) Kleine Runde ohne Abstecher nach Louisenlund (2,7 km); 2) Abstecher nach Stexwig auf kleinen Wegen und Straßen mit schönem Blick auf die Schlei (zusätzlich 4,2 km); dazu 5 Gehminuten nach dem Start am Waldrand links halten, 50 m nach einer Rechtskurve mit Wildblumenwiese wieder links,

Das alte Ziegeleigebäude in Borgwedel.

bei der Bäderstraße aussichtsreich nach links, nach 10 Gehminuten rechts auf Weg zur Schlei und an diesem vorbei am Spielplatz zum Bootshafen folgen, dort links, nach Querung der Straße geradeaus auf Waldpfad rechts neben Bach, am Ende links und kurz darauf entlang Bäderstraße und zuletzt auf Graswegen zurück wie auf dem Hinweg.
Kombi-Tipp: Verlängerung mit Tour 19 oder Teilen davon ab Louisenlund; dazu der Allee vor WP 5 geradeaus folgen zum Schloss Louisenlund, wo Tour 19 entlangführt.
Karte: Wander- und Freizeitkarte 1:50.000 Blatt 5 Schleswig/Eckernförde (LVGeoSH).

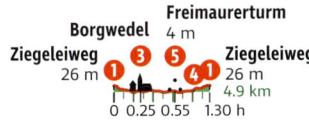

Dem **Ziegeleiweg** ❶ folgen wir in nordwestlicher Richtung aus Borgwedel heraus und am Orts- und Asphaltende geradeaus dem für Verkehr gesperrten Fahrweg in den Wald, der sich nach 250 m lichtet mit einem weiten Blick über die Schlei. Hier halten wir uns rechts genauso wie nach 80 m bei einer Kreuzung mit einer Infotafel über die Schlei. Der Waldweg führt zum gut gepflegten Gelände der **alten Ziegelei** ❷, wo Ruinen und stellenweise wiederhergerichtete Gebäude an einen ehemals blühenden Wirtschaftszweig erinnern: Dank eines Ringofens mit 16 Brennkammern konnten seit 1875 bis zu 18.000 Ziegel täglich produziert werden. Für die Außenfassade des Schleswiger Regierungspräsidiums wurden 7 Millionen Ziegel geliefert, für deren Anlandung die Schlei am Schleswiger Gottorfdamm vertieft werden musste. Den Rohstoff der Ziegel – Beckentone – lagerten die Schmelzwässer der weichseleiszeitlichen Gletscher vor rund 18.000 Jahren ab.
Wir umgehen das Ziegelei-Gelände mit seinen vielen Infotafeln im Uhrzeigersinn und verlassen es bei einer Anlage zum Boule-Spiel. Links locken kleine Strandabschnitte und Tische mit Bänken zur Rast.
Der Weg erreicht nach einer Streuobstwiese und Holzzaun wieder das Dorf

Ruine des Freimaurerturms.

Borgwedel, wo uns die Straße Achterwisch an die Ringstraße führt, der wir links folgen. Nach der **Dorfmitte** ❸ mit überdachten Bänken schwenken wir nach links in die Sackgasse ein und genießen kurz darauf eine schöne Passage entlang dem Schleiufer, vorbei am kleinen Hafen und zwei nach oben führenden Treppen; über die zweite **Treppe mit Betonstufen** ❹ und Metallgeländer wird uns der Rückweg führen. Nach der weitläufigen Anlage der Jugendherberge (rechts) und einem weiteren Bootshafen verengt sich der Uferweg zu einem Pfad, der uns durch Wald zum Schlosspark und Schulinternat Louisenlund führt. Dort biegen wir bei der Allee – 80 m vor dem Schloss Louisenlund – scharf nach rechts, rechts vorbei an der Kunst- und Kulturhalle, und passieren die überdachte **Ruine des Freimaurer-Turms** ❺, eines im 18. Jh. erbauten Turms, den drei Graden der Freimaurerei entsprechend mit drei Geschossen und Wendeltreppe, dessen Wiederaufbau diskutiert wird.

50 m nach der Turmruine schwenken wir nach rechts und erreichen kurz darauf wieder den Uferweg, der uns links nach Borgwedel zurückführt, wo wir 200 m nach der Jugendherberge links die **Treppe mit Betonstufen** ❹ hinaufgehen und danach rechts der kleinen Straße folgen, die uns an die Ringstraße nahe der Dorfmitte führt. Dort links und nach 200 m vor der Bushaltestelle zwischen zwei Findlingen rechts aufwärts zum Neubaugebiet und geradeaus zur Ringstraße. Dieser folgen wir rechts und erreichen nach 100 m wieder den links abzweigenden **Ziegeleiweg** ❶.

↗ 110 m | ↘ 110 m | 10.9 km

2.45 h

Idstedt – Idstedter See – Räuberhöhle — 21

Vom Idstedter Badesee durch das Königsgehege

Der Europäische Fernwanderweg und die Via Jutlandica des Jakobswegs führen vom Idstedter See durch die Wälder des Idstedter Geheges zur Räuberhöhle, einem der besterhaltenen Megalithdenkmäler Angelns.

Ausgangspunkt: Parkplatz am östlichen Ortsrand von Idstedt an der Abzweigung der Straße Osterfeld von der Dorfstraße (Navi: Dorfstraße 72, 24879 Idstedt).
ÖPNV: Bushaltestelle »Idstedt Neuberender Weg« mit Linien 635 und 650 Mo-Fr stündlich, sonst alle 2 Std. Richtung Mohrkirch und Schleswig, www.dbregiobus-nord.de. Von der Haltestelle auf der Dorfstraße 300 m nach links oder rechts zur Route.
Anforderungen: Leichte Wiesen-, Wald- und Sandwege und -pfade.
Markierung: Zwischen WP 1 und 7 Pilgerweg Via Jutlandica (stilisierte Jakobsmuschel) sowie Europäische Fernwanderwege E1 und E6 (weißes X).
Einkehr: Zur Alten Schule in Idstedt.
Varianten: Die Tour kann auch in zwei kleinere Runden aufgeteilt werden: Ab WP 1 als größere lange Runde um den Idstedter See (6,5 km) mit Wendepunkt nach dem Waldteich (WP 5) oder ab dem Parkplatz vor der Räuberhöhle (WP 8) als kindgerechter 1,5 km kurzer Rundkurs durch den Wald.
Karte: Wander- und Freizeitkarte 1:50.000 Blatt 4 Flensburg/Kappeln (LVGeoSH).

Am Idstedter See.

Vom **Wanderparkplatz** ❶ am östlichen Ortsrand von Idstedt führen Fernwander- und Jakobsweg links von einer Übersichtskarte am Waldrand zur **Badestelle** ❷ am Idstedter See und folgen dann dem Uferpfad um den 38 ha großen, bis zu 2,50 m tiefen See im Uhrzeigersinn zur Südseite. Die Via Jutlandica mündet dort in die Straße **Osterfeld** ❸ und folgt dieser in südliche Richtung. Hinter dem umzäunten **Solarpark** ❹ auf dem umzäunten ehemaligen Militärgelände biegen wir mit den Fernwanderwegen rechts in den Neuberender Weg ein. Nach Queren einer Straße weiter geradeaus und hinter einem **Waldteich** ❺ links durch das Idstedter Gehege. Das Gelände ist von einer niedrigen Steinmauer umgeben, die Ende des 18. Jh. errichtet wurde, um die Grenze des damals im Besitz des Schlosses Gottorf befindlichen königlichen Geheges zu markieren. Mehrere Steine zeigen die Inschrift »König Friedrich der sechste 1812«; der Oldenburger war 1808–39 König von Dänemark und Herzog von Schleswig. Die abwechslungsreiche Landschaft des Idstedter Geheges umfasst sanfte Hügel sowie morastige Senken und kleine Teiche.

Hinter der **Raststelle** ❻ bei der Försterei Idstedtwege geht es rechts weiter, der Wanderweg schlängelt sich nun durch den Wald. Am **Parkplatz** ❼ am Südrand des Waldes ist rechts die Hauptsehenswürdigkeit des Geheges ausgeschildert, die begehbare **Räuberhöhle** ❽, eine jungsteinzeitliche Megalithanlage. Sie befindet sich im Inneren eines 2 m hohen, mit Steinen eingefassten Rundhügels. Die 4,40 m lange und

Idstedter Räuberhöhle.

Weg an der Beek kurz vor dem Idstedter See.

bis zu 2 m breite Kammer wird an den Längsseiten von vier bzw. drei Tragsteinen und an den Stirnseiten von je einem Stein gefasst. Drei mächtige Decksteine schließen den 1,50 m hohen Innenraum nach oben ab. Der Zugang erfolgt von Süden. Ihren Namen erhielt die Anlage im Mittelalter, als sie Wegelagerern als Unterschlupf diente.

Von der Räuberhöhle weisen Schilder waldeinwärts Richtung »Idstedt«. An der ersten Verzweigung geht es rechts zum bereits bekannten Fernwanderweg und auf diesem links zurück zur **Raststelle** ❻ und zur Verzweigung am **Waldteich** ❺. Dort im Linksbogen hinaus aus dem Wald zu einer **Allee** ❾, die durch Feldflur zur Hauptstraße führt. Diese queren wir und folgen der Straße Schulberg geradeaus in den Ort Idstedt und beim sanierten **Gasthof Zur Alten Schule** ❿ nach rechts. Danach halten wir uns links (Dorfstraße) und biegen nach 70 m nach Haus Nr. 28 rechts in den etwas versteckt abzweigenden Pfad. Nach einer Bachbrücke zweigt der Fußweg nach links ab und führt uns links neben dem Bach wieder zur Hauptstraße, die wir queren, um dem Pfad auf der anderen Seite nach den Stufen entlang dem Bach zu folgen, ehe er sich nach links wendet und uns wieder zur **Badestelle** ❷ am Idstedter See führt. Dort folgen wir dem bekannten Weg links zurück zum **Parkplatz** ❶ am Ortsrand von **Idstedt**.

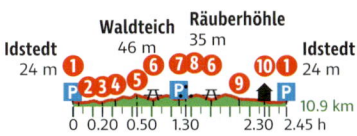

↗ 45 m | ↘ 45 m | 8.2 km
2.00 h

22 Schleswig – Holm – Gottorf

🚌 ✕ 👥

Schleswiger Dom, Fischerinsel und Schloss Gottorf

Schleswigs Altstadt mit dem Dom, die Fischersiedlung auf dem Holm und die Museen im parkumgebenen Schloss Gottorf sind Höhepunkte dieser Stadt- und Parkwanderung am inneren Ende der Schlei.

Ausgangspunkt: Touristinformation Schleswig im Plessenhof (5 m), Parkplätze in unmittelbarer Umgebung (Navi: Plessenstraße 7, 24837 Schleswig).
ÖPNV: Bushaltestelle »Plessenstraße/Dom« der Stadtbuslinie 2 vom Schleswiger Bahnhof sowie vom örtlichen ZOB, www.dbregiobus-nord.de.
Anforderungen: Leichte Stadt- und Parkwanderung.

Einkehr: Zahlreiche Gaststätten.
Karte: Wander- und Freizeitkarte 1:50.000 Blatt 5 Schleswig/Eckernförde (LVGeoSH).
Tipp: Schöne Blicke auf die am Ende der Schlei liegende Stadt Schleswig vom Turm des St.Petri-Turms (WP 2), vom Café-Restaurant des Wikingturms aus 90 m Höhe und vom 14 m hohen Aussichtsturm der Königswiesen (WP 6).

Ausgangspunkt der vorgeschlagenen Wanderung durch **Schleswig** ist die Tourist-Information im klassizistischen **Plessenhof** ❶ an der Plessenstraße zwischen Königswiesen und Altstadt. Die als Fußgängerzone ausgewiesene Norderdomstraße führt zum **Sankt-Petri-Dom** ❷. Der gotische Sakralbau ist die Haupt-Sehenswürdigkeit in der Altstadt von Schleswig. Aus romanischer Zeit stammen das Petriportal an der Süderdomstraße und die in Granit gehauenen Löwenskulpturen an der nördlichen Außenwand. Im ausgehenden 13. Jh. wurde der hochgotische Backsteinhallenchor, um 1320 der dreiflügelige Kreuzgang (»Schwahl«) und bis 1501 das spätgotische Hallenlanghaus errichtet. 1894 wurde der 112 m hohe neugotische Turm vollendet; er dient als Aussichtsturm, der nach vierjährigen Sanierungsarbeiten seit Herbst 2021 wieder zugänglich ist. Zu den hervorragendsten Ausstattungsstücken zählt der Bordesholmer Altar von Hans Brüggemann, der mit seinen beinahe 400 aus ölgetränktem Eichenholz geschnitz-

Der Bordesholmer Altar (Ausschnitt) wurde 1666 in den Dom zu Schleswig übergeführt.

ten Figuren das Hauptwerk nordeuropäischer Bildschnitzkunst am Ausgang des Mittelalters ist.

Vom Dom geht es auf der ebenfalls als Fußgängerzone ausgewiesenen Süderdomstraße zum Apothekergang, wo sich ein fotogener Blick zurück zum Dom bietet. Durch das schmale Gässchen erreichen wir an der ehemaligen Hofapotheke den Rathausmarkt mit stattlichen Bürgerhäusern und dem klassizistischen Rathaus (1794), das mit dem Graukloster verbunden ist. Vom Marktplatz folgen wir der Töpferstraße und dann rechts der Fischbrückstraße. Hinter der Knud-Laward-Straße liegt das Holm-Museum. Von dort führen die Süderholmstraße und die sie fortsetzende Straße Am Sankt Johanniskloster zum Johanniskloster in der Fischersiedlung **Holm** ❸. Bis 1935 war der Holm – das Wort bedeutet »kleine Insel« – eine Insel in der Schlei und nur durch die Fischbrückstraße mit der Stadt verbunden. Die im Lauf von Jahrhunderten zu einem malerischen Ensemble zusammengewachsenen Gebäude des Johannisklosters liegen in parkähnlicher Umgebung neben der Fischersiedlung auf einer kleinen Anhöhe. Das 1250 erstmals erwähnte Kloster ist die am besten erhaltene Klosteranlage in Schleswig-Holstein, seit der Reformation dient es als Damenstift. Östlich

der Anlage befindet sich am Schleiufer ein **Naturbadestrand** ❹. Von dort gehen wir geradewegs nach Norden. Der Holmer Noorweg führt an den Feuchtwiesen rund um das Holmer Noor vorbei zu einer Gärtnerei, hinter der die in einen Rad- und Wanderweg umgewandelte ehemalige **Eisenbahntrasse** ❺ links zurück in die Altstadt führt. Wo der autofreie Domweg kreuzt, geht es links zurück zum **Dom** ❷. Vom Dom führt die Süderdomstraße rechts zur Plessenstraße, nach deren Queren wir in die anlässlich der Landesgartenschau 2008 umgestalteten weitläufigen Parkanlagen der **Königswiesen** ❻ eintauchen, deren Namen zurückgeht auf den dänischen König Grathe, der die Fläche im 12. Jh. der Stadt Schleswig schenkte. Hier bieten sich zahlreiche Abstecher an (u. a. ans Schleiufer sowie zum ausgeschilderten 14 m hohen Aussichtsturm), der beschilderte Hauptweg aber folgt einer Gräfte geradeaus und setzt sich vom Luisenbad als **Schleipromenade** ❼ bis zur **Schleihallenbrücke** ❽ fort. Hier queren wir an der Ampel die Straße. Auf der ehemaligen Eisenbahntrasse kurz links und dann auf der alleeartigen Parkplatzzufahrt Am Burggraben rechts zum Eingang von **Schloss Gottorf** ❾. Das prächtige Schloss liegt auf einer Insel im innersten Winkel der Schlei. Der ab dem Mittelalter in mehreren Bauphasen errichtete Bau ist der bedeutendste Profanbau Schleswig-Holsteins. Als Sitz der Landesmuseen beherbergt er eine der bedeutendsten Sammlungen zu Kunst, Kultur und Archäologie in Nordeuropa. Das Landesmuseum für Kunst und Kulturgeschichte umfasst gotische Skulpturen und Renaissancegemälde, eine Barockgalerie, Biedermeier- und Jugendstil-Abteilungen ebenso wie Sammlungen zum deutschen Expressionismus. Das Archäologische Landesmuseum nennt eine der größten vor- und frühgeschichtlichen Sammlungen der Bundesrepublik sein Eigen: Moorleichen und die Opferfunde aus Nydam und Thorsberg mit dem ältesten hochseetüchtigen Ruderboot Europas zählen zu den Höhepunkten der Ausstellung.

Von der Schlossinsel folgt die X-Markierung des Europäischen Fernwanderwegs der dammartig angelegten Schlossallee nordwärts durch den Burgsee zur Verzweigung am Neuwerkgarten beim **Herkulesteich** ❿, dem Globushaus und dem Barockgarten. An der Wiese vor dem Herkulesteich zweigt rechts an den Bäumen die Neuwerkstraße ab; sie mündet kurz nach Queren der Flensburger Straße in die Straße Hesterberg. Halb rechts hinter der Einmündung beginnt die autofreie **Michaelisallee** ⓫, die unter Bäumen am Alleestadion und am Bellmann-Chemnitz-Denkmal vorbeiführt. Am Ende auf der Lutherstraße kurz rechts und auf der Bismarckstraße erneut rechts bis zur Ampelkreuzung mit dem autofreien **Stadtweg** ⓬, in den wir links einbiegen. Nach wenigen Metern auf dem ersten Fußweg rechts zum **Lornsenpark** ⓭ am Kälberteich. Von der Südbucht des Teichs führt der autofreie Domweg südwärts zurück zum **Dom** ❷, rechts leitet die Norderdomstraße zurück zum **Plessenhof** ❶ an der Plessenstraße.

Blick vom Schleswiger Domturm auf die Schlei.

TOP 23 — Haddeby – Wedelspang – Selk

↗ 160 m | ↘ 160 m | 13.6 km
3.30 h

Von Haithabu rund um Haddebyer und Selker Noor

Obwohl seit der Wiederentdeckung vor 100 Jahren nur etwa fünf Prozent systematisch erforscht wurden, zählt Haithabu zu den bedeutendsten archäologischen Stätten Nordeuropas – seit 2018 zusammen mit dem alten deutsch-dänischen Grenzwall Danewerk ein UNESCO-Weltkulturerbe. Der Noorrundweg führt am Wikinger Museum und am Wikingerdorf Haithabu vorbei rund um das Haddebyer Noor – eine erstklassige Wanderung! Wer sie mit dem Rundweg um das Selker Noor verbinden will, muss eine Straßenpassage in Kauf nehmen.

Ausgangspunkt: Parkplatz am Wikinger Museum Haithabu (9 m) im Busdorfer Ortsteil Haddeby; ausgeschildert ab der B76 (Navi: Am Haddebyer Noor 3, 24866 Busdorf).alternativ bei WP 6 Parkplatz Wedelspang (Navi: Wedelspang, 24884 Selk).
ÖPNV: Haltestelle »Haddeby/Haithabu« am Gasthaus (WP 14). Stadtbuslinie 1 Schleswig-Fahrdorf und Linie 720 Schleswig-Eckernförde, alternativ Haltestelle »Selk, Wedelspang« bei WP 6 mit Linie 695, www.dbregiobus-nord.de.
Anforderungen: Leichte Wiesen-, Wald- und Sandwege und -pfade.
Markierung: Zwischen WP 1 und 10 Pilgerweg Via Jutlandica (stilisierte Jakobsmuschel) sowie Europäische Fernwanderwege E1 und E6 (weißes X).
Einkehr: Haddeby, Oberselk.
Karte: Wander- und Freizeitkarte 1:50.000 Blatt 5 Schleswig/Eckernförde (LVGeoSH).
Tipps: Wikinger-Museum Haithabu (WP 2) mit rekonstruiertem Wikingerdorf (WP 4) sowie Badestellen bei (WP 9) und (WP 13).
Hinweis: Bei starkem Ostwind steht die Passage vor der Noorbrücke oft mehr als knöchelhoch unter Wasser; in diesem Fall empfiehlt sich die Tour als reine Rundwanderung um das Noor entgegen dem Uhrzeigersinn – dann muss die Noorbrücke nicht begangen werden.

Der **Parkplatz des Wikinger Museums** ❶ liegt im Wald vor der romanischen Haddebyer Kirche. Hier nehmen zwei Wanderwege ihren Ausgang. Unser Weg beginnt am Nordostende (auf der Kirchenseite) und mündet schon nach wenigen Schritten in den autofreien Weg Am Haddebyer Noor, der rechts zweispurig (eine für Radler, die andere für Wanderer) durch den Wald zum sehenswerten **Wikinger-Museum Haithabu** ❷ führt. Rechts vom Weg erhebt sich hier ein bewaldeter Hügel, die sogenannte Hochburg, früher Aussichtspunkt über der Schlei, heute Standort der Bühne des Wikingertheaters Midgaard Skalden.

Vom Wikinger Museum geht es kurz auf dem Zuweg zurück und dann links weiter: Der Waldweg (Pilgerweg Via Jutlandica) nimmt den von der Freilichtbühne herabführenden Wanderweg E 1 auf, verlässt bald darauf den Wald und erreicht schließlich den bis zu 9 m hohen **Haithabu-Halbkreiswall** ❸, der seit dem 10. Jh. eine Fläche von 27 ha am Westufer des

Rekonstruiertes Wikingerdorf am Haddebyer Noor.

Haddebyer Noors umschließt. An der Wegverzweigung hinter dem ersten, aussichtsreichen Teilstück des Walls trennen sich die Wege wieder: Der E 1 folgt naturnah und menschenfern weiter dem Wall, während der Pilgerweg – unsere Route – links durch die Wiesen zum rekonstruierten **Wikingerdorf** ❹ führt, dessen Besuch im Eintrittspreis des Museums enthalten ist (optional Eintritt nur zu Wikingerdorf).

Vom Wikingerdorf zurück zum Pilgerweg, der – nun in fast völliger Einsamkeit – links durch die Wiesen auf den bewaldeten Halbkreiswall zu führt. Am Walldurchbruch führen Stufen links auf die Krone des Walls, oben geht es aussichtsreich zum **Wallende** ❺ am Abbruch über der Schilfzone des Haddebyer Noors, einem herrlichen Rastplatz mit Sitzbänken unter alten Eichen. Auf der Südseite des Walls schlängelt sich ein Pfad zurück zum breiten Pilgerweg, der nun wieder gemeinsam mit dem E 1 links als Parkweg zwischen Bäumen weiterzieht. Am ersten Haus erhält er Asphaltbelag und den Namen Wedelspang, der auf den gleichnamigen Weiler zurückgeht, dessen Häuser man kaum zu Gesicht bekommt; Richtungsschilder mit der Aufschrift »Noorbrücke« zeigen an, dass man auf dem richtigen Weg ist. Kurz vor der Landstraße und dem **Parkplatz Wedelspang** ❻ biegt der Weg scharf links ab. Geht man aber zur Straße und dort kurz rechts zum Parkplatz, kann man eine Nachbildung des Eriksteins betrachten, eines Runensteins mit eingemeißeltem Text aus Schriftzeichen des altnordischen Runenalphabets.

Weiter geht es auf dem Noorrundweg, der einem schönen Pfad ostwärts folgt und nach Verlassen des Waldes kurz vor der Noorbrücke auf den Großen Sigtryggstein trifft, eine weitere Runenstein-Nachbildung. Nach Überqueren der hölzernen **Noorbrücke** ❼ laden Sitzbänke zu aussichtsreicher Rast ein. Auf der Seite des Selker Noors befindet sich zwischen Schilfabschnitten eine verschwiegene Badestelle, während auf der Seite des Haddebyer Noors Kanuten anlegen.

Von der Raststelle steigt der Weg zur Verzweigung an einem **Hohlweg** ❽ auf dem Hochufer an. Hohlweg und Runenstein auf beiden Seiten der Landenge werden dahingehend gedeutet, dass es hier zu Wikingerzeiten eine Furt gab. E 1 und Via Jutlandica leiten nun auf dem bewaldeten Hochufer südwärts, oftmals auf Stufenanlagen. Bald nach Passieren des Jugendzeltlagers Selker Noor (mit eigener Badestelle) erreicht der Weg nach einer letzten Stufenanlage die **Badestelle Selker Noor** ❾ und folgt der Zufahrt zur Straße, deren Rad- und Fußweg nun lange Zeit die Route vorgibt. In **Selk** ❿ im Süden des Selker Noors zweigen die Fernwanderwege zur Selker Mühle ab, während wir mit dem Rundweg der Straße zum Café Quellental in Oberselk folgen und wenig später an einer Straßenkreuzung den **Königshügel** ⓫ erreichen; in einem Gehölz befindet sich hier eine Gedenkstätte für die im Deutsch-Dänischen Krieg 1864 gefallenen österreichischen Soldaten. Nun ein Stück auf dem Rad- und Fußweg längs der Straße K 1, dann sind wir wieder am **Parkplatz Wedelspang** ❻. Rechts und gleich wieder rechts auf dem bereits bekannten Pfad zur **Noorbrücke** ❼ und der Verzweigung am **Hohlweg** ❽. Nun folgt der Rundweg dem Hochufer nordwärts, Steilabschnitte überwindet er wie schon am Selker Noor auf Stufen. Zwischen den Bäumen öffnet sich immer wieder der Blick auf das Wikingerdorf, das Wikinger Museum und den Schleswiger Dom. Schließlich kurvt der Pfad vor aussichtsreichen Wiesen zu einer **Schutzhütte** ⓬ nahe der Siedlung Loopstedt. Hier haben wir erneut einen

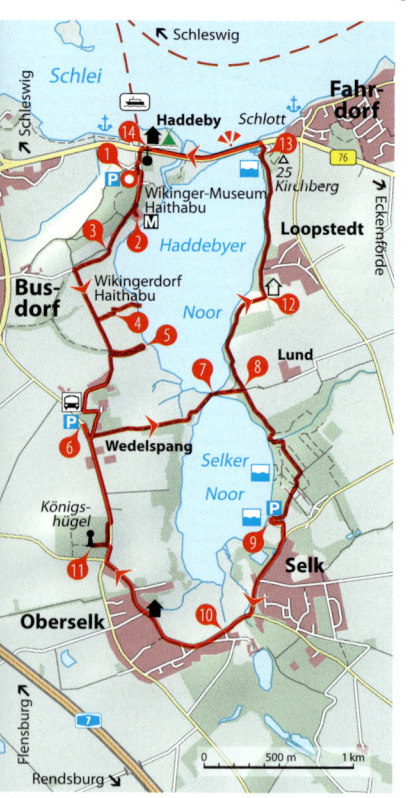

Haithabu-Halbkreiswall.

schönen Blick auf das Museum und das achteckige Schleswiger Hochhaus Wikingturm. Bald darauf taucht der Pfad geradewegs wieder in den Wald ein und erreicht schließlich die **Badestelle** ⓭ am Fuß eines Hügels, der seit dem Mittelalter Kar-, also Kirchberg genannt wird und möglicherweise das Gotteshaus der untergegangenen Siedlung Haithabu trug.

Nach Queren der Bundesstraße B 76 folgt der Wanderweg am Schleiufer dem aussichtsreichen Fahrdamm, der das Haddebyer Noor seit 1882 von der Schlei trennt, links zu **Odins Gasthaus** ⓮. Hier erneut die Straße queren und auf dem Kirchenweg an der Haddebyer Kirche vorbei zum **Parkplatz Wikinger Museum** ❶ in **Haddeby**.

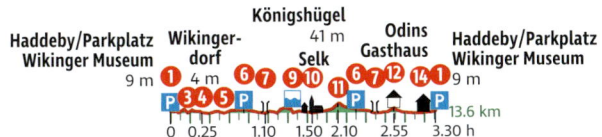

TOP 24 — Brekendorf – Rammsee – Aschberg

↗ 220 m | ↘ 220 m | 12.4 km
3.15 h

Bergwanderung mit Ostsee-Blick

Die Wanderung durch die Hüttener Berge oberhalb der Eckernförder Bucht begeistert durch wunderschöne Laubwälder mit alten Buchen, Eichen, Ahornen und Linden sowie den Wechsel von Wurzelpfaden, Wald- und Forstwegen. Der steile Antieg zum Bismarck-Denkmal auf dem aussichtsreichen Aschberg ist naturnah und idyllisch, denn erst hinter der Kuppe beginnt der Auto- und Mountainbike-Bereich. Ein »Höhepunkt« mit weniger Fernblick ist der wald- und heidebestandene Heidberg, eine »Einzelschöpfung der Natur«, auf der sich auf Liegebänken wunderbar rasten lässt.

Ausgangspunkt: Waldparkplatz Wasserstelle (52 m) am Ende des öffentlich befahrbaren Abschnitts des Lehmberger Wegs südöstlich von Brekendorf; ausgeschildert am Restaurant Waldhütte (Navi: Lehmberger Weg 46, 24811 Brekendorf).

ÖPNV: Bushaltestelle »Brekendorf Am Hang«, Linie 725 von/nach Eckernförde und Kropp/Owschlag, (alle 2–4 Stunden), www.dbregiobus-nord.de. Von der Bushaltestelle in die Straße »Am Hang«; dann rechts zur Dorfstraße und erneut rechts in den Lehmberger Weg 1 km zum WP 1 beim Waldparkplatz.

Anforderungen: Passagenweise recht steile Waldwege, Wurzelpfade und Forstwege; festes Schuhwerk empfehlenswert.

Markierung: Stellenweise E1 und E6 (weißes X).

Einkehr: Gaststätte Waldhütte nahe WP 1 (nur Wochenende), Panorama-Hotel Aschberg bei WP 8.

Karte: Wander- und Freizeitkarte 1:50.000 Blatt 5 Schleswig/Eckernförde (LVGeoSH).

Weiter Blick vom Aschberg bis zur Ostsee.

Vom **Waldparkplatz Wasserstelle** ❶ im Brekendorfer Forst geht es auf der Zufahrt wenige Meter zurück Richtung Restaurant Waldhütte, bis der X-markierte Europäische Fernwanderweg rechts auf einem grasigen Weg ins hügelige Gelände im Hang des Immenbergs eintaucht. Abzweigungsreich, aber gut markiert verläuft der lauschige Waldweg in sachtem Auf und Ab durch Mischwälder und mündet zuletzt nahe einer Rodung in einen Forstweg, der sich links zum **Forsthaus-Parkplatz** ❷ hinabsenkt. Auf der für den öffentlichen Verkehr gesperrten Forsthaus-Zufahrt geht es rechts am Forsthaus vorbei zu einer reetgedeckten Schutzhütte am idyllisch in einem allseits von bewaldeten Bergflanken umgebenen Talkessel gelegenen **Rammsee** ❸; geht man von der Schutzhütte noch ein Stück weiter, lädt eine Sitzbank am Ufer zum Verweilen ein. Liegebänke befinden sich am gegenüberliegenden Ufer des von Röhricht gesäumten Toteissees, der entstand, als nach der letzten Eiszeit Eisblöcke abschmolzen, die sich in Hohlräume zwischen den Moränen geschoben hatten.

An der Verzweigung östlich des Sees führen die X-Markierungen links weiter durch den eindrucksvollen Wald. Kurz nach Durchwandern einer sanften Senke zweigen sie links auf einen schmaleren Weg ab, der sich bald zum Pfad verjüngt und zu den Tischen und Liegebänken am Findling auf dem **Heidberg** ❹ ansteigt. Der Heidberg steht als besondere »Einzelschöpfung der Natur« unter Schutz, teils ist er von Wald, teils von Heide bedeckt, vom Gipfel schweift der Blick südwärts zu den Duvenstedter Bergen.

Wurzelig senkt sich der Pfad zurück zum Waldweg, der unter alten Buchen schräg links zum **Waldparkplatz Heidberg** ❺ weiterführt. Von dort geht es auf einem ungeteerten Weg rechts hinab zu einem Wegedreieck am Höhenweiler **Unterschoothorst** ❻ mit einer Sitzbank unter einer Buche.

Mit der X-Markierung wandern wir links durch den aus kaum mehr als einem Gehöft bestehenden Weiler und dahinter rechts auf einem von Knickhecken flankierten Wiesenweg zum **Erholungswald Silberbergen** ❼. An der Verzweigung kurz nach Eintritt in den Wald links und überraschend steil stets der Markierung folgend hinauf auf den 98 m hohen **Aschberg** ❽, den Panoramaberg der Hüttener Berge mit einem 18 m hohen Aussichtsturm beim Panorama-Hotel Aschberg, der ehemaligen 13 Millionen Euro teuren Globetrotter-Lodge. Weiter Blick auf die Knickhecken-Landschaft der Hüttener Berge sowie über Bistensee und Wittensee hinweg zur Eckernförder Bucht und zur Schlei. Ernst blickt Fürst Bismarck – hier nicht als »eiserner Kanzler«, sondern als 7 m hohes Kupfer-Standbild – ins Land.

Der naturnahe Pfadaufstieg, auf dem weder Autos noch Mountainbikes zu sehen sind, ist nicht zu toppen und bildet daher auch die beste Abstiegsroute. Wer lieber »rund« wandert, geht zunächst auf dem Fernwanderweg weiter, der der Zufahrt aussichtsreich am Jugendgästehaus vorbei durch den Nordhang zur Kreuzung mit dem **Heerweg** ❾ folgt. Hier verlassen wir den E 1, der sich auf dem historischen Heerweg nach rechts wendet, und folgen dem Naturpark-Wanderweg links zwischen Knickhecken hindurch, die so hoch sind, dass sie den Weg fast verdunkeln.

An der ersten **Kreuzung** ❿ geht es links aussichtsreich hinauf zu den vom Hinweg bekannten Häusern von **Unterschoothorst** ❻ und zur Verzweigung mit der eingewachsenen Sitzbank unter der Buche. Hier zweigt halb links ein zunächst unmarkierter Asphaltweg ab. Am ersten und zugleich letzten Haus verschwindet der Asphaltbelag. Auf grasigem Grund strebt der nun mit einem weißen Radfahrer markierte Weg zwischen Knicks, Wiesen und Feldern dem Wald zu, zwischendurch mit Aschberg-Blick. Schließlich mündet er am Gehöft **Lehmberg** ⓫ in den zweispurig betonierten Lehmberger Weg, in den wir rechts einbiegen. Mitten im Wald befindet sich ein Wohnhaus, und wo sich wenig später das weiße Reh rechts verabschiedet, lädt eine weiße Sitzbank zur Rast ein. Der Lehmberger Weg führt mit Pilz-Markierung geradeaus weiter, passiert eine kleine reetgedeckte Schutzhütte und erreicht schließlich den Ausgangspunkt, den **Waldparkplatz Wasserstelle** ❶.

↗ 40 m | ↘ 40 m | 15.3 km

3.30 h

Owschlag – Sorgwohlder Binnendünen

25

Rundwanderung im Binnenland mit See, Moor und Dünen

Diese Rundwanderung liegt zwar weit im Innenland von Schleswig-Holstein, erschließt aber eine abwechslungsreiche Landschaft am Westrand der Hüttener Berge mit dem Owschlager See und Moor, der Sorgeniederung sowie den Sorgwohlder Binnendünen, die im Spätsommer mit einem lila Heideteppich überzogen sind.

Ausgangspunkt: Bahnhof Owschlag mit Parkgelegenheit an beiden Seiten (Navi: An der Post und Ladestraße, 24811 Owschlag) sowie Parkstreifen an der Bahnhofstraße.
ÖPNV: Bahnhof Owschlag mit stündlichen Regionalbahnverbindungen Richtung Kiel, Hamburg, Flensburg und Husum.
Anforderungen: Leichte Wanderung über Feldwege auf Gras, Betonplatten sowie stellenweise Straßen und Sandwege.
Markierung: Stellenweise Wanderrouten 15 und 14 der Hüttener Berge, markiert mit einem Siebenschläfer.
Einkehr: Owschlag mit Bäckerei-Café.
Varianten: Verkürzung der Tour als 2 km kurze Runde durch den schönsten Teil, die Sorgwohlder Binnendüne. Dazu Start ab Sorgwohld (WP 4) mit kleinem Parkplatz (Navi: Sorgwohlder Weg, 24811 Sorgwohld).

Am Owschlager See.

Vom **Bahnhof Owschlag** ❶ kommend folgen wir der Bahnhofstraße in östliche Richtung, 100 m nach einer Rechtskurve bei einem Kreisverkehr der Dorfstraße nach links und nach 200 m dem Steinsiekener Weg nach rechts Richtung Alt-Duvenstedt. 10 Gehminuten später nimmt uns rechts ein gepflasterter Spurweg auf, der uns zu einer Badestelle mit Rastplätzen am **Owschlager See** ❷ führt.

Der stellenweise mit der Nr. 15 markierte Plattenweg führt uns zur Kreisstraße; dort für 10 m rechts, dann links und nach dem Bahnübergang wieder links. Der Weg führt rund 20 Minuten links neben den Bahngleisen entlang durch das Owschlager Moor und mündet in eine Zufahrt zu einem Bauernhof. 250 m nach dem Hof nimmt uns rechts der Spurweg (Olbuschweg, Verkehrsverbotsschild) auf. Die **Markierung 15** ❸ zweigt bei einem

Verkehrsverbotsschild nach 1 km nach rechts ab – unser Rückweg. Aber vorher erwarten uns die Binnendünen; dazu wandern wir weiter geradeaus und erreichen bald die ersten rechts aufragenden Ausläufer der Binnendünen. Der Radweg führt uns geradeaus durch die Binnendünen zum **Wanderparkplatz von Sorgwohld** ❹.

Für den Rückweg biegen wir vor dem Parkplatz und einer Hauszufahrt nach links in die Sackgasse und folgen dem mit Nr. 14 markierten Weg am Rad der Binnendüne entlang, wo sich rechts stellenweise Blicke über die Sorgeniederung bieten. Wir erreichen wieder den vom Hinweg bekannten Radweg, folgen ihm rechts für 50 m und biegen links in den etwas sandigen Weg, der in einem Bogen am Waldrand über die Binnendüne führt und nach einer Rechtsabzweigung wieder den Radweg erreicht, dem wir links folgen, bis zur vom Hinweg bekannten Abzweigung mit dem Verkehrsverbotsschild und der **Markierung 15** ❸. Der Weg führt nordwärts durch das **Owschlager Moor** ❺, in dem bis in die 1950er-Jahre Torf abgebaut wurde. Nach 1,5 km biegen wir am Moorende zusammen mit Markierung 15 nach links in einen kleinen Spurweg. Bei der folgenden Abzweigung geht es nach rechts und nach dem Bahnübergang nördlich vom Hotel Owschlager See nach links entlang dem Radweg neben der Kreisstraße. Nach dem Abknicken von der Bahnlinie biegen wir in einer Rechtskurve links in die Margarethenstraße, die uns zurück zur Bahnhofstraße führt mit links dem **Bahnhof Owschlag** ❶.

Blühende Heide bei der Sorgwohlder Binnendüne.

26 Eckernförde – Windeby

↗ 50 m | ↘ 50 m | 10.8 km
2.45 h

Rund um das Windebyer Noor

Der Wanderweg rund um das Windebyer Noor führt überwiegend durch ein entrückt wirkendes Wiesen- und Waldland. Der heutige Binnensee bildete am Ende der letzten Eiszeit vor 10.000 Jahren das innere Ende der Eckernförder Bucht; im Lauf von Jahrtausenden wurde ein Strandwall aufgespült, der die Bucht mehr und mehr von der Ostsee trennte. Auf dem Strandwall entstand die bereits 1302 urkundlich erwähnte Stadt Eckernförde, deren Ortsteil Borby 1833 zum Seebad erklärt wurde – eines der ältesten in Schleswig. Das bis zu 14 Meter tiefe Noor wurde durch Aufschüttungen um 1900 zum Binnensee, der nur noch durch eine Rohrentwässerung mit der Ostsee verbunden ist.

Ausgangspunkt: Bahnhof Eckernförde (2 m), Reeperbahn 54. Ein großer Parkplatz ohne Parkzeitbeschränkung befindet sich jenseits der Gleisanlagen (Navi: Grüner Weg 3, 24340 Eckernförde).
ÖPNV: Bahnhof Eckernförde mit halbstündlichen Verbindungen nach/von Kiel.
Anforderungen: Leichte Wiesen- und Waldwege und -pfade.
Markierung: Am Nordufer Pilgerweg Via Jutlandica (stilisierte Jakobsmuschel) sowie E1 und E6 (X), am Südufer Naturparkweg (gelber Pfeil).
Einkehr: Eckernförde.
Karte: Wander- und Freizeitkarte 1:50.000 Blatt 5 Schleswig/Eckernförde (LVGeoSH).

Wälder und Hügel mit Feldfluren säumen das Windebyer Noor.

Vom **Bahnhof Eckernförde** ❶ geht es in Fahrtrichtung Kiel südwärts am Busbahnhof vorbei, durch die Fußgängerunterführung unter den Gleisanlagen hindurch, dahinter rechts am Parkplatz Grüner Weg entlang und autofrei zwischen dem Bahnkörper und der Kleingartenanlage Süderhake hindurch zum Skatepark an der Straße Schulweg. Der Schulweg führt links zur Bundesstraße 76 (Flensburger Straße), mit der es auf einem Rad- und Fußweg rechts über die Noorbrücke zur **Ampelkreuzung Noorstraße** ❷ beim Parkplatz einer Fastfood-Kette geht. Hier wandern wir links hinaus zum Windebyer Noor, dem der Naturlehrpfad Noorwanderweg an der Kleingartenanlage Costa Noora vorbei zu einer Abzweigung an einem weiteren Parkplatz folgt. Hier ist ein Abstecher zum nahen Umwelt-Info-Zentrum Eckernförde zu empfehlen; das Projekt umfasst einen Naturgarten mit Salzwiesen, Kleingewässern, Knicks und einer Vielzahl an Kräutern und Blumen.

Der Noorwanderweg folgt dem Ufer auf der ehemaligen Trasse der Kleinbahn Eckernförde–Owschlag, die mit dem X-Zeichen des Europäischen Fernwanderwegs und der Jakobspilger-Muschel markiert ist. Im Nordwes-

Der Findling Weißer Stein im Noor.

ten des Noors verlassen Trasse und Weg das Ufer, führen durch das hügelige Feld- und Gehölzemoränenland zur **Schutzhütte Schnaap** ❸ und schwenken oberhalb des Sees links (südwärts) ein. Der Weg ist nun meist alleeartig von Schatten spendenden Bäumen flankiert. Schließlich erreicht er bei einer weiteren kleinen Schutzhütte eine **Verzweigung** ❹. Der Noorwanderweg verlässt hier die Bahntrasse, führt links durch das aussichtsreiche Hügelland, senkt sich zu einem Gehölz in Ufernähe und erreicht am Fuß einer Stufenanlage eine Sitzbank mit Blick auf den aus dem Wasser ragenden Granitfindling **Weißer Stein** ❺.

Im weiteren Verlauf wird der Noorwanderweg in feuchtem Gelände passagenweise als Bohlenweg geführt, verlässt aber schließlich die Ufergehölze und schwingt rechts hinauf zur Landesstraße **L 265** ❻. Der Rad- und Fußweg längs der Straße führt uns links an der kleinen Siedlung Windeby vorbei, dann biegen wir links in den **Stolbergring** ❼ ein und gehen auf dem Lorenz-von-Stein-Ring am Baltic Sea International Campus vorbei zum Kakabellenweg, an dem sich vor der Bucht Süderhake der Eckernförder Festplatz befindet. An der Ampel am Ende des Kakabellenwegs geht es über die Flensburger Straße hinweg, dann folgen wir dem Grünen Weg geradeaus zurück zum Ausgangspunkt am **Bahnhof Eckernförde** ❶.

Eckernförde – Aschau 27

↗ 100 m | ↘ 100 m | 10.6 km
2.45 h

Eckernförder Steilküsten-Wanderweg und Aschauer Lagune

Der Eckernförder Steilküsten-Wanderweg erschließt auf 4,2 Kilometer den äußersten Süden der Eckernförder Steilküste und den vorgelagerten steinigen Strand. Gemeinsam mit dem Europäischen Fernwanderweg 1 und der Via Jutlandica führt er uns durch den Schnellmarker Wald auf dem Hochufer zu den Sandstränden vor der Aschauer Lagune.

Ausgangspunkt: Südstrand Eckernförde (2 m) mit Parkplatz, ausgeschildert an der B 76 kurz vor dem Ortsausgangsschild (Navi: Berliner Str. 156, 24340 Eckernförde).
ÖPNV: Bushaltestellen »Altenhof, Alter Bahnhof« zwischen WP 1 und 2, »Altenhof, Kiekut« bei WP 2 oder »Altenhof, Aschau« 0,7 km südlich von WP 7, beide bedient mit Linie 746 von/nach Eckernförde-Bf., Mo.–Fr. alle 2, sonst alle 4 Std., www.dbregiobus-nord.de.
Anforderungen: Waldwege und -pfade sowie teils sandiger, steiniger Strand.
Markierung: Stellenweise Pilgerweg Via Jutlandica (stilisierte Jakobsmuschel) sowie E1 und E6 (X).
Einkehr: Eckernförde, Treib-Gut (Fr.–So. tagsüber, sonst nur abends).
Karte: Wander- und Freizeitkarte 1:50.000 Blatt 5 Schleswig/Eckernförde (LVGeoSH).
Kombi-Tipp: In Verbindung mit Tour 28 etwa 18 km lange Streckenwanderung von Eckernförde nach Surendorf, zurück mit Bus 746.

Der **Eckernförder Südstrand** ❶ bietet jede Menge Platz abseits der Stadt. Der Wanderweg folgt dem Südstrand waldwärts und erreicht nach Überqueren des aus dem Windebyer Noor austretenden Bachs Jordan das reetgedeckte Restaurant **Treib-Gut** ❷. Von dort geht es kurz an der Bundesstraße entlang und an der ersten Abzweigung links auf der mit den X-Zeichen des E 1 markierten Stichstraße (Kiekut 5–11) in den Laubwald

Sandstrand vor der Aschauer Lagune.

und hinauf zum Heilpädagogium. Rechts von der Einrichtung beginnt der autofreie Wanderweg (Mövenberg) durch das Schnellmarker Holz (anfangs Begräbniswald); schon nach wenigen Minuten laden erste Bänke bei einem Holzkreuz über der Steilküste zur Rast ein. Wenig später weichen Fernwander- und Pilgerweg vor einem Stacheldrahtzaun rechts aus und erreichen hinter dem umzäunten Gelände an einer Sitzbank wieder das eindrucksvolle Hochufer, auf dem der wurzelige Pfad unter alten Buchen entlangführt. Schließlich senkt sich der Pfad zum Weg vor dem steinigen Strand; an dieser **Strandverzweigung** ❸ führt der Steilküsten-Rundwanderweg zurück nach Eckernförde, während wir mit dem Fernwanderweg schräg rechts wieder in den Wald ansteigen. Abzweigungsreich leiten die X-Markierungen durch das Schnellmarker Holz, zunächst in Richtung des Wohnmobilhafens Grüner Jäger, dann halb links und zuletzt fast unvermittelt auf einen **Sandstrand** ❹ hinaus. Der Pfad folgt dem schmalen Sandstrand rechts an der **Abzweigung Altes Kliff** ❺ vorbei. Mit Blick auf die Aschauer Lagune geht es in harmonischer Landschaft über Wiesen, der Wald rechts weicht immer weiter zurück. Die nehrungshakenartigen Spitzen der **Aschauer Lagune** ❻ stehen unter Naturschutz, hier hat eine Zwergseeschwalben-Kolonie ein Rückzugsgebiet gefunden. Zu beobachten sind ferner Sandregenpfeifer, Austernfischer, Brandgans und Mittelsäger. Der grasige Weg folgt dem Südufer der Lagune an artenreichen Wiesen entlang.

Wo an der ersten Verzweigung bei **Gedenksteinen** ❼ ein Weg landeinwärts zum Hof Aschau ausgeschildert ist, machen wir kehrt und folgen dem Strand zurück zur **Abzweigung Altes Kliff** ❺, zum **Sandstrand** ❹ und zur **Steilküsten-Verzweigung** ❸: Der Steilküsten-Rundwanderweg folgt dem Klifffuß geradeaus auf einem Weg, der schließlich in den Strand hinausläuft. Vom Restaurant **Treib-Gut** ❷ ist es nicht mehr weit zum **Eckernförder Südstrand** ❶.

↗ 70 m | ↘ 50 m | 12.5 km
3.00 h

Aschau – Jellenbek – Surendorf 28

Strände, Wälder und Kliffs an der Eckernförder Bucht

Von der Aschauer Lagune folgt der Europäische Fernwanderweg der Küste der Eckernförder Bucht, die durch den Wechsel von Sandstränden, Gehölzen, und Steilufern begeistert. Kurz vor dem Ziel im quirligen Surendorf erinnern die Orte Jellenbek und Krusendorf daran, dass der Kliffabbruch immer weiter vorrückt: Die Kirche des alten Jellenbek musste wegen der Küstenerosion abgebrochen werden; dafür entstand 1733 die Krusendorfer Kirche, deren Zwiebelturm einen auffälligen Akzent in der Landschaft setzt.

Ausgangspunkt: Strandparkplatz Aschau (9 m) an der Abzweigung der für den öffentlichen Verkehr gesperrten Straße Aschau von der Aschauer Landstraße (Navi: Aschau, 24340 Altenhof).
Endpunkt: Bushaltestelle »Surendorf« (30 m) an der Eckernförder Straße in Surendorf, mit Parkplatz daneben (Navi: Surendorf, 24229 Schwedeneck).
ÖPNV: Am Ausgangspunkt Bushaltestelle »Altenhof Aschau«, am Zielpunkt Haltestelle »Surendorf« sowie auf dem Weg mit Abstechern »Krusendorf, Kirche« und »Noer, Schloss«, alle werden bedient mit Linie 746 von/nach Eckernförde-Bf., Mo.–Fr. alle 2, sonst alle 4 Std., www.dbregiobus-nord.de.
Anforderungen: Wirtschaftswege, zum Teil sandige Pfade und passagenweise steinige Strandabschnitte.
Markierung: Durchgehend Europäische Fernwanderwege E1 und E6 (X).
Einkehr: Campingplätze Lindhöft und Grönwohld, Jensen bei Noer, Surendorf.
Karte: Wander- und Freizeitkarte 1:50.000 Blatt 8 Kiel/Plön (LVGeoSH).
Kombi-Tipp: In Verbindung mit Tour 27 etwa 18 km lange Streckenwanderung von Eckernförde nach Surendorf, zurück mit Bus 746.

Mehrhundertjährige Linde in Krusendorf, im Hintergrund der Zwiebelturm der Kirche.

Kanadagänse in der Aschauer Lagune.

Die Wanderung von Aschau nach Surendorf ist eine Streckenwanderung, die wochentags mit einer Busfahrt und ansonsten mit dem Taxi geschlossen werden kann; es empfiehlt sich, nicht allzu spät aufzubrechen, um den letzten Bus in Surendorf sicher zu erwischen. Neben der Bushaltestelle zweigt am **Strandparkplatz Aschau** ❶ die für den öffentlichen Verkehr gesperrte Zufahrt zum nahen Aschauhof ab; an der Verzweigung an ihrem Ende geht es noch auf dem Hofgelände unter Bäumen rechts hinab und hinaus in die artenreichen Wiesen vor der **Aschauer Lagune** ❷.

An den Gedenksteinen biegen wir mit der X-Markierung des Europäischen Fernwanderwegs rechts ab. Der bis zu 30 m breite Strandabschnitt zwischen der Lagune und dem **Campingplatz Lindhöft** ❸ mit der Gaststätte Seerose ist bei Naturfreunden beliebt. Am Parkplatz des Campingplatzes geht es hinaus an den Strand mit dem Surfspot Lindhöft und rechts am Spülsaum entlang.

Der Strand wird zunehmend steiniger, da oberhalb bald ein Steilküstenabschnitt beginnt, der noch vor dem Waldgebiet **Hegenwohld** ❹ eine Höhe von über 20 m erreicht. Am Hegenwohld geht es auf dem ersten Strandabgang hinauf in den Wald und in Richtung des klassizistischen Schlosses

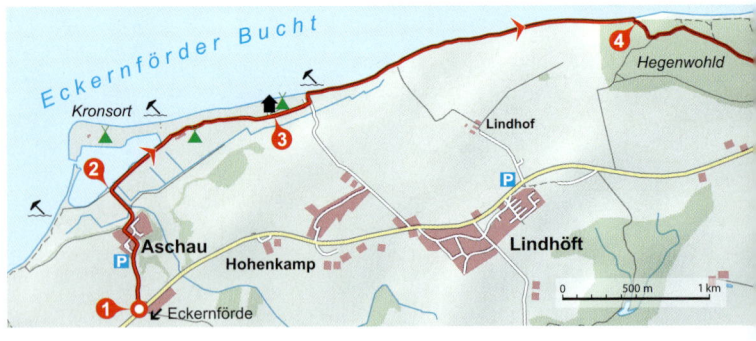

Noer, in dem Kindergarten- und Jugendgruppen Freizeiten abhalten. In der Siedlung **Noer** ❺ gleich hinter dem Waldstück führt die Stichstraße Haffkamp zum Strand vor dem Jugendzeltplatz. Hier gibt die Wasserlinie rechts die Route vor, die am Fuß des Naturschutzgebiets Bewaldete Düne entlangführt. Schon bald erreichen wir den **Campingplatz Grönwohld** ❻ mit der Gaststätte Paco's Strandhütte. Am Ende des Campingplatzes beginnt ein Pfad, der zwischen Strand und Feldflur zur Ferienhaussiedlung **Jellenbek** ❼ führt. Ein Fischerdorf selben Namens, das etwas weiter östlich an der Mündung des Jellenbek-Bachs lag, war ab dem Mittelalter das Kirchdorf für eine weite Umgebung, wurde aber aufgrund der Küstenerosion im 17. Jh. aufgegeben. Als das Steilufer schließlich auch immer näher an die Kirche heranrückte, wurde 1733 der Neubau eines Gotteshauses weiter landeinwärts in Krusendorf beschlossen. Wer möchte, erreicht den Ort auf der Strandstraße in etwa 10 Gehminuten und beendet dort seine Wanderung, denn auch in Krusendorf befindet sich eine Bushaltestelle der Linie 3080, die Aschau und Eckernförde anfährt.

Der Fernwanderweg hingegen folgt von Jellenbek einem Pfad auf dem baumbestandenen Hochufer. Kurz vor dem Militärgelände, zu dem auch die Mole gehört, führen Stufen links hinab, gleich darauf mündet der Pfad in die Seestraße, die rechts zwischen Wiesen hindurch Richtung Surendorf führt. An der Abzweigung der Strandzufahrt **Zum Kurstrand** ❽ weist die X-

Markierung links zurück zum Strand, während wir der Seestraße bis zur Bushaltestelle in **Surendorf** ❾ an der Eckernförder Straße folgen.

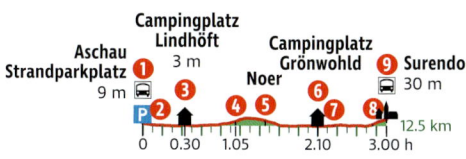

TOP 29

↗ 100 m | ↘ 100 m | 13.4 km
3.15 h
🚌 🍴

Surendorf – Dänisch-Nienhof – Stohl

Bewaldete Steilufer am Dänischen Wohld

Die Steilküsten des Dänischen Wohldes begeistern an der Eckernförder Bucht durch urtümliche Wälder mit bis zu mehrhundertjährigen Buchen. Der Europäische Fernwanderweg folgt dem Hochufer auf überwiegend naturnahen Pfaden – eine unvergessliche Wanderung, die am Surendorfer Strand kurioserweise Eintritt kostet.

‹Ausgangspunkt: Strandparkplatz Surendorf (16 m) am Ende der Straße Zum Kurstrand in Surendorf (Navi: Zum Kurstrand 5, 24229 Schwedeneck), alternativ Stohl (WP 7) mit Parkplatz (siehe Tour 30).
ÖPNV: Die Bushaltestelle »Surendorf« ist 10 Gehminuten vom Ausgangspunkt entfernt im Landesinnern. Täglich stündliche Anbindung an Kiel mit Linie 740, die unterwegs auch Stohl (WP 7) bedient, www.dbregiobus-nord.de. Von der Bushaltestelle wenige Meter in Fahrtrichtung, dann rechts in die Seestraße. Etwa 100 m hinter den letzten Häusern an der Kreuzung rechts in die Straße »Zum Kurstrand« und 500 m bis zum Parkplatz.
Anforderungen: Waldpfade, festes Schuhwerk erforderlich.
Markierung: Großteils Europäische Fernwanderwege E1 und E6 (X).
Einkehr: Surendorfer Strand, Dänisch-Nienhof, Stohl (tagsüber nur am Wochenende).
Karte: Wander- und Freizeitkarte 1:50.000 Blatt 8 Kiel/Plön (LVGeoSH).
Kombi-Tipp: Ab WP 6 in Verbindung mit dem Großteil von Tour 30 eine 22 km lange Rundtour an der Küste zwischen Surendorf und Bülker Leuchtturm.

Vom **Strandparkplatz Surendorf** ❶ geht es hinab zum Kassenhäuschen vor dem Surendorfer Strand. Auf der Sperre ist die X-Markierung des Europäischen Fernwanderwegs zu sehen, und auch wer nur wandern möchte, muss eine Strandkarte lösen, entweder beim freundlichen Strandwächter oder am Automaten. Links ragt jenseits der Strandrestaurants und der Sanitäranlagen eine Seebrücke/Mole ins Wasser; sie liegt in militärischem Sperrgebiet und kann nicht betreten werden. Der Fernwanderweg folgt

Sonnenuntergang bei Hohenhain.

der durch Heckenrosensträucher vom **Surendorfer Strand** ❷ abgetrennten Promenade rechts an einem weiteren Strandrestaurant und Sanitäranlagen vorbei. Am Ende der Promenade setzt er sich als Pfad auf dem hier noch relativ niedrigen Ufer fort und passiert verschiedene Strandzugänge – zuletzt jenen zum Nudistenstrand Eckernholm. Dahinter beginnt die bewaldete Steilküste: Mit einem unvermittelten Anstieg taucht der Wanderweg in die alten Wälder ein und folgt der immer wieder senkrecht abbrechenden Kliffkante. An einer **Aussichtssitzbank** ❸ mündet der Pfad vom Waldparkplatz Hohenhain ein. Wenige Meter nach Passieren der Sitzbank ist ein Strandabgang erreicht, der letzte für längere Zeit: In sachtem Auf und Ab folgt der Pfad nun der Abbruchkante, die Wurzeln einiger Bäume hängen in der Luft. Wo der Wanderweg vor einem schluchtartigen Einschnitt landeinwärts einschwenkt, heißt es achtgeben: Während die X-Markierungen rechts weiterführen, bleiben wir links auf dem Pfad, der an der Abbruchkante unter den alten Buchen hindurchzieht. Er erreicht wenig

Die Kliffkante bei Dänisch-Nienhof stürzt senkrecht zum Geröllstrand ab.

später die Verzweigung oberhalb des Strandrestaurants Schwedeneck am Strand von **Dänisch-Nienhof** ❹. Hier weitet sich der Kliffkantenpfad vorübergehend zum Weg, passiert einen verschlossenen Strandabgang und führt wenig später aus dem Wald hinaus in die Feldflur. Auf einer Sitzbank zwischen Wiesen und Steilküste fällt der Blick auf den Kieler Leuchtturm, während rechts eine militärische Antennenanlage das Stohler Steilufer ankündigt; auch das einsame Windrad, an dem der Rückweg vorbeiführt, ist schon in Sicht. Nach und nach verlässt die Steilküste die Eckernförder Bucht und wendet sich der offenen Ostsee zu. Hier befindet sich in einem schluchtartigen Einschnitt ein weiterer **Strandabgang** ❺. Aussichtsreich führt der Steilküstenpfad am Rand von Wiesen und Feldern entlang durch das hügelige Moränengelände. Hinter einer Stegbrücke über eine weitere Schlucht erreicht er schließlich den Abgang zum steinigen Badestrand vor dem **Stohler Steilufer** ❻: Auf einer langen Holztreppe kann der Abstieg erfolgen (vgl. Tour 23).

Von der Stegbrücke führt ein schmaler Weg landeinwärts durch Gehölze und Felder, markiert mit dem X-Zeichen des Europäischen Fernwanderwegs. Kurz vor der Straße geht es auf einem Pfad links durch die Felder zum Stohler Strandparkplatz, am Ende des Parkplatzes rechts in das kleine

Dorf **Stohl** ❼, in dem das Restaurant Zur Steilküste zur Einkehr einlädt. An der Verzweigung hinter dem Restaurant-Gelände folgen wir der Dorfstraße rechts, bis sie in die Landstraße übergeht. Nach wenigen Metern rechts zweigt die Hofzufahrt **Heidberg** ❽ rechts ab am Schild »Europäischer Wanderweg – kein Reitweg«. Hinter dem Gehöft führt ein Feldweg in Richtung des Windrads und dann rechts zur Eckernförder Straße. Dort geht es kurz nach rechts und dann links durch die Wälder des Schlossgartens zum **Strandparkplatz Dänisch-Nienhof** ❾. Die für den Verkehr gesperrte Seeschlösschen-Zufahrt führt durch den Wald zum Strand von **Dänisch-Nienhof** ❹, wo der bekannte Steiluferpfad wieder erreicht ist. Vom Hochufer aus ist immer wieder zu sehen, wie mühsam es wäre, unten am Strand zu wandern: Immer wieder wären uralte Bäume zu überklettern, die vom Hochufer auf den Strand gestürzt sind. Die Situation ändert sich erst ab dem Strandabgang wenige Meter vor der **Aussichtssitzbank** ❸: Hier wechseln wir an den Strand, wo die Wasserlinie die Route zurück zum **Surendorfer Strand** ❷ vorgibt. Dort ist wenige Schritte später auch der Ausgangspunkt wieder erreicht, der **Surendorfer Strandparkplatz** ❶.

Stohler Steilküste.

30 Stohl – Bülker Leuchtturm

↗ 60 m | ↘ 60 m | 10.1 km
2.30 h

Steilküsten-Trail an der offenen Ostsee

Der Steilküsten-Pfad zwischen dem Weiler Stohl und dem Bülker Leuchtturm auf dem Dänischen Wohld zählt zu den schönsten Ostsee-Wanderrouten in Schleswig. Aber Achtung, anders als bei Tour 22 gewähren nur wenige Bäume Sonnenschutz!

Ausgangspunkt: Strandparkplatz Stohl (29 m) an der Eckernförder Straße in Stohl (Navi: Dorfstraße 4P, 24229 Schwedeneck).
ÖPNV: Bushaltestelle »Stohl«, 400 m westlich vom Ausgangspunkt. Linie 740 stündlich von Kiel nach Krusendorf, www.dbregiobus-nord.de.
Anforderungen: Überwiegend schmale Pfade, im Bereich des Leuchtturms Promenaden.

Markierung: Großteils Europäische Fernwanderwege E1 und E6 (X).
Einkehr: Stohl, Bülker Leuchtturm.
Karte: Wander- und Freizeitkarte 1:50.000 Blatt 8 Kiel/Plön (LVGeoSH).
Kombi-Tipp: In Verbindung mit Tour 29 22 km lange Rundtour an der Küste zwischen Surendorf und Bülker Leuchtturm, oder Verlängerung vom Bülker Leuchtturm um 3,5 km nach Strande als Teil von Tour 31 in umgekehrter Richtung.

Vom Ende des **Stohler Strandparkplatzes** ❶ führt ein Pfad nordwestwärts in die Feldflur. Er mündet in den schmalen Zugangsweg zum Stohler Strand, der sich sacht zwischen Wiesen und Gehölzen hindurch zu einer Stegbrücke und zum oberen Ende der langen Stufenanlage senkt, die durch das

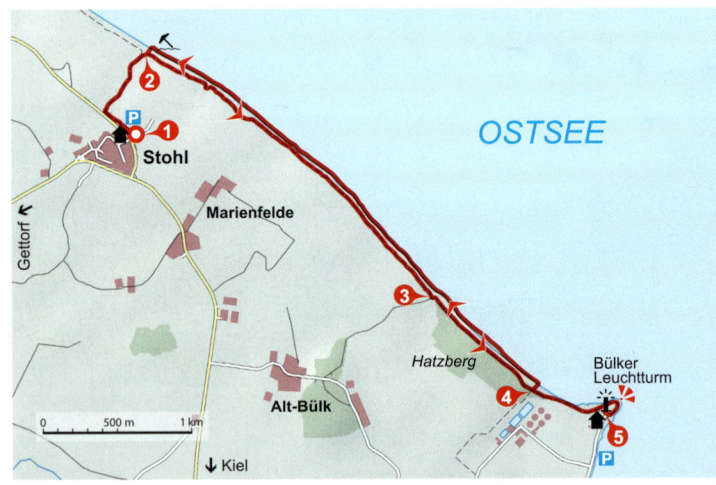

Stohler Steilufer ❷ hinab zum steinigen Stohler Badestrand führt. Eine Naturschutz-Informationstafel weist darauf hin, dass die seltenen Uferschwalben in der Steilküste ein Rückzugsgebiet gefunden haben und nicht gestört werden wollen. Am oberen und auch am unteren Ende der Holztreppe sind die X-Markierungen des Europäischen Fernwanderwegs angebracht, doch wir folgen auf dem Hinweg dem Pfad oben an der Kante der Steilküste. In sachtem Auf und Ab folgt der grasige Trail der Kliffküste mit exzellenten Ausblicken, der Kieler Leuchtturm mitten in der Ostsee vor dem Ausgang der Kieler Förde ist ebenso im Blickfeld wie bald das Marine-Ehrenmal von Laboe, während den Bülker Leuchtturm ein Gehölz verdeckt. Schluchtartige Einschnitte umgeht der Pfad ein Stück landeinwärts, Plätze zum Sonnenbaden und Verweilen finden sich zahlreich in den Wiesen.

Die aus Sanden und Geschiebemergel bestehende Stohler Steilküste wurde über 30 m hoch aufgefaltet, als die Seitenmoränen der beiden Gletscher, die während der letzten Eiszeit bis vor 10.000 Jahren in der Eckernförder Bucht und der Kieler Förde lagen, gegeneinander gedrückt wurden. Der Kliffabbruch entsteht überwiegend durch abfließendes Grundwasser, das die Steilküste unterspült, woraufhin immer wieder Teile der Steilhänge herausbrechen.

Der Pfad ist schmal, gut gangbar, meist grasig und nur an wenigen Stellen etwas von Buschwerk zugewachsen, z. B. an einer bis zum Abbruch reichenden Knickhecke, die schon bald nach Passieren des Militärgeländes erreicht wird. Landeinwärts weiten sich Wiesen und Felder, doch weil die schweren Landwirtschaftsmaschinen nicht bis zur Kliffkante vordringen, hat sich am

S. 121: Der Bülker Leuchtturm kann erstiegen werden und bietet eine gute Aussicht.
Unten: Der Wiesenpfad folgt der Abbruchkante mit weitem Blick auf die Ostsee.

Steilküstenblick vom Bülker Leuchtturm.

Wegrand eine artenreiche Blumen- und Buschvegetation entwickelt; an Abbrüchen hängen Büsche teilweise schräg in der Luft.
Vor der ersten **Wegverzweigung** ❸ vor dem Gehölz am Hatzberg gibt es keinen Übergang zum Strand. Ab dieser Verzweigung weitet sich der Pfad zum Weg und führt durch die Ausläufer des Hatzberg-Waldes zu einem **Strandabgang mit Stufenanlage** ❹. Dahinter beginnt die Asphaltpromenade, der wir zur aussichtsreichen Sitzbank-Halbinsel Bülker Huk folgen. Der Weg begleitet die Wasserlinie um die Halbinsel herum und erreicht schließlich das Pavillon-Restaurant am Fuß des **Bülker Leuchtturms** ❺. Der 1862–65 errichtete Leuchtturm ist der älteste an der Kieler Förde. Er ist 25,6 m hoch und bezeichnet als Orientierungsfeuer die Zufahrt in die Förde und mit rotem Warnsektor die Untiefe Stollergrund. Wer die 98 Stufen bis zur unteren Plattform erklimmt, genießt in 22 m Höhe einen guten Panoramablick auf die Kieler Förde, den Dänischen Wohld und die Ausmündung der Eckernförder Bucht. Jenseits der Kieler Förde reckt sich das Marinedenkmal Laboe in die Luft, und an klaren Tagen reicht der Blick bis zum Bungsberg in Wagrien.
Der Rückweg folgt der Promenade zurück zum **Strandabgang mit Stufenanlage** ❹. Hier wechseln wir an den relativ breiten, steinigen Strand, an dem bald die Buhnen enden: Weiter geht es zurück zum **Stohler Steilufer** ❷, die lange Holztreppe hinauf und zum Ausgangspunkt, dem **Stohler Strandparkplatz** ❶.

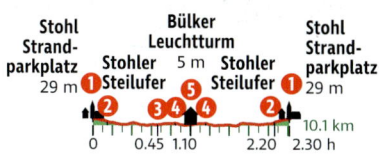

↗ 50 m | ↘ 50 m | 9.8 km

31 Strande – Bülker Leuchtturm

2.15 h

Strandpromenade an der Kieler Außenförde

Vom Ostseebad Strande führt ein aussichtsreicher Küstenwanderweg an der Kieler Außenförde zum Bülker Leuchtturm, der einen eindrucksvollen Panoramablick auf die Förde und den Dänischen Wohld gewährt. Der Wanderweg ist Teil des Europäischen Fernwanderwegs. Er ist im Sommer auch wegen der Nähe zur Leuchtturm-Zufahrt rege bevölkert und dennoch all jenen zu empfehlen, die sich am Anblick bunter Segel auf dem Wasser, der großen und kleinen Schiffe, an der Brise, der Rast unter windzerzausten Bäumen und einem Bad in der Ostsee erfreuen. Zurück geht es durch aussichtsreiche Feldflur.

Ausgangspunkt: Strandparkplatz (1 m) am südlichen Ortseingang von Strande, ausgeschildert an der Strandstraße (Navi: Am Deich, 24229 Strande).
ÖPNV: Bushaltestelle »Bad, Strande« am Hafen (WP 2) mit Linie 741, www.dbregiobus-nord.de sowie den Stadtbuslinien 12, 13 und dem Schnellbus 30S von/nach Kiel, www.kvg-kiel.de. Im Sommer wird Strande auch von der Kieler Fördefähre angelaufen, www.sfk-kiel.de.
Anforderungen: Bequeme Uferpromenaden, geklinkert bzw. asphaltiert, im Landesinneren Feldwege.
Markierung: Großteils Europäische Fernwanderwege E1 und E6 (X).
Einkehr: Strande, Bülker Leuchtturm.
Karte: Wander- und Freizeitkarte 1:50.000 Blatt 8 Kiel/Plön (LVGeoSH).

Vom **Strandparkplatz Am Deich** ❶ am südwestlichen Ortsrand des Ostseebads Strande sind es nur wenige Schritte zum feinsandigen Badestrand mit Blick auf die Kieler Außenförde, deren markanteste Landmarke das Marine-Ehrenmal von Laboe ist. Vor dem Strand führt eine Klinkerpromenade links zum **Strander Hafen** ❷: Hier liegen Fischkutter und Jachten; am Fischereisteg, wo sich auch die Tourist-Information befindet, gibt es fangfrischen Butt, Dorsch und Meerforellen. Im Sommerhalbjahr legt an der Spitze der Mole die Kieler Fördefähre an. Nördlich des Hafens führt die mit

Der Strand von Strande mit Blick auf Laboe (rechts) und die um 14 Uhr nach Oslo auslaufende MS Color Magic.

der X-Markierung des Europäischen Fernwanderwegs bezeichnete Promenade an weiteren feinsandigen Stränden vorbei, die nach und nach schmaler werden. Am Nordrand der Bebauung ist mit dem **Surf-Kiosk** ❸ das Revier der Surfer in der Strander Bucht erreicht. Wo Waldstreifen erhalten sind, genießen Sonnenbadende den Halbschatten unter den salzwindgeschorenen Bäumen. Auf den letzten hundert Metern folgt der Wanderweg der Zufahrt Bülkerweg zum **Bülker Leuchtturm** ❹ auf der halbinselartigen Bülker Huk (vgl. Tour 30). Am Fuß des Leuchtturms lädt das Restaurant Leuchtturm-Pavillon zur Einkehr ein.

Vom Leuchtturm führt der Wanderweg zu den Panoramasitzbänken an der Landspitze – ein schöner Platz für eine aussichtsreiche Rast. Nun schwenkt die Küstenlinie westwärts ein. Der zunächst noch asphaltierte Wanderweg folgt ihr zum **Strandabgang** ❺ vor der Kläranlage und auf dem Steilufer am Rand des Hatzberg-Waldes entlang. An der **Verzweigung** ❻ jenseits des Waldes besteht erneut die Möglichkeit, zum Strand hinabzugehen. Der Wanderweg aber führt links über eine aussichtsreiche Anhöhe landeinwärts zu den Wäldern um das 1350 erstmals erwähnte **Gut Alt-Bülk** ❼. In den Wäldern halten wir uns links, folgen einer aussichtsreichen Allee in südlicher Richtung durch die Feldflur und hinter der Klärwerkzufahrt der Straße **Zum Mühlenteich** ❽ links an den Ortsrand des Ostseebads Strande. Dort geht es links versetzt (Witten Land'n) weiter zum Strand und rechts am **Strander Hafen** ❷ vorbei zum Ausgangspunkt, dem **Strandparkplatz Am Deich** ❶.

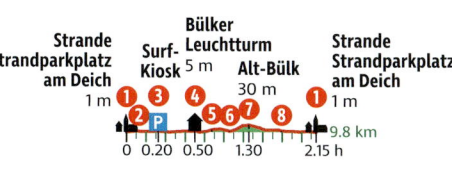

↗ 25 m | ↘ 25 m | 6.6 km

32 Holtenauer Leuchtturm – Dankeskirche
1.45 h

Straße der Traumschiffe

Die Holtenauer Schleuse an der Einmündung des Nord-Ostsee-Kanals in die Kieler Förde ist ein beeindruckendes Technikdenkmal, den kaiserzeitlichen Alten Holtenauer Leuchtturm mit Panoramablick auf die Förde empfinden viele als schönsten Leuchtturm an der Ostseeküste Schleswig-Holsteins, und der Friedhof der als Seefahrerkirche errichteten neogotischen Dankeskirche oben im Hang wartet mit einer 110 Jahre alten Lindenallee auf.

Ausgangspunkt: Parkplatz Schleusenwiese (6 m) an der Kanalstraße im Kieler Stadtteil Holtenau; in Kiel der Beschilderung »Nord-Ostsee-Kanal-/Schleusenausstellung« folgen (Navi: Kanalstraße, 24159 Kiel).
ÖPNV: Haltestelle »Schleuse«. Buslinie 91 vom Kieler Hauptbahnhof, www.kvg-kiel.de. Von dort über die Brücke zur Schleuseninsel (WP 2).

Anforderungen: Wegen der Hanglage viele Treppenanlagen, ansonsten bequeme Promenaden.
Einkehr: Einkehrmöglichkeiten u.a. beim Holtenauer Leuchtturm.
Karte: Wander- und Freizeitkarte 1:50.000 Blatt 8 Kiel/Plön (LVGeoSH).
Hinweis: Eventuelle Wartezeiten bei der Fährüberfahrt sind die Gehzeit nicht einberechnet.

Der **Parkplatz Schleusenwiese** ❶ liegt zwischen einem als »Toter Arm« bezeichneten Teilstück des Eiderkanals, das die Holtenauer Schleuseninsel vom Festland trennt, und der anlässlich des Nord-Ostsee-Kanalbaus 1887–95 ausgebauten Kanalstraße. Die ersten Häuser an der alten Platanenallee sind im ausgehenden 18. Jh. entstanden, also noch zur Zeit des Eiderkanalbaus, andere interessante Bauten stammen aus den »Goldenen Zwanzigern« des 20. Jh. Vom Parkplatz führt uns die Uferpromenade zwischen dem Toten Arm des Eiderkanals und der Schleusenwiese Richtung Holtenauer Schleuse. Die Schleusenwiese war ursprünglich eine Kleingartenanlage, die im Kaiserreich den Kanalarbeitern zur Verfügung gestellt wurde. 1999 wurde sie in eine Grünanlage umgewandelt, Obst- und Laubbäume blieben zur Erinnerung an die frühere Nutzung erhalten. Die Schleusenwiese wird auch von Wasservögeln aufgesucht, die auf den Dalbenhölzern im Wasser brüten und die Wiesen abgrasen. Die auf dem Eiderkanal treibenden Holzflöße sollen daran erinnern, dass der

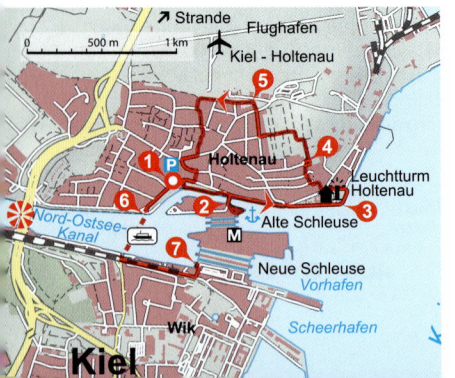

Schleusenwiese neben dem »Toten Arm« des Eiderkanals.

Eiderkanal früher nicht nur der Schifffahrt diente, sondern als »Floßkanal« auch für den Holztransport genutzt wurde.

Am Ende der Schleusenwiese bringt uns eine autofreie Brücke rechts auf die **Schleuseninsel** ❷, auf der sich links eine Grünanlage mit Blick auf den Jachthafen Holtenau befindet. Die Holtenauer Schleuse gleicht die Wasserstände zwischen Nord-Ostsee-Kanal und Kieler Förde aus. Die Ausstellung auf dem Schleusengelände, deren Öffnungszeiten an der Brücke angeschlagen sind, vermittelt Wissenswertes (Führung).

Über die Brücke geht es zurück zur Kanalstraße, der die Promenade rechts am Jachthafen Holtenau entlang zum Tiessenkai folgt. Der nach einem Schiffsausrüster benannte Kai ist ein Schutz- und Sicherheitshafen mit kleinen Kontorhäusern und dem historischen Kanalpackhaus von 1784. Das beliebte Ausflugsziel wird noch heute von alten Frachtseglern angelaufen. Ostwärts geht der Kai in die Grünanlage mit dem **Holtenauer Leuchtturm** ❸ und der historischen Wartehalle über, in der sich heute die Gaststätte Fördeblick befindet. Der Leuchtturm am Ausgang des Nord-Ostsee-Kanals ist ein 20 m hoher runder Backsteinturm von 1895. Er kann nicht

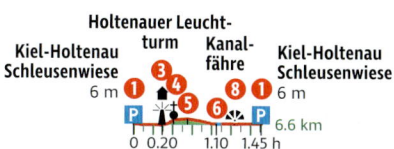

Der kaiserzeitliche Leuchtturm in Kiel-Holtenau.

bestiegen werden, doch zu seinen Füßen bietet sich ein schöner Blick auf die Förde mit dem Marine-Ehrenmal in Laboe.

Zwischen Leuchtturm und Restaurant Fördeblick geht es auf der Kanalstraße kurz landeinwärts, bis nach Passieren der Kreuzung rechts eine Stufenanlage hinaufführt, an die der autofreie Weg zur 1897 nach der erfolgreichen Inbetriebnahme des Kanals errichteten neugotischen **Dankeskirche** ❹ anschließt. Von der Kirche folgt der Wanderweg der Lindenallee auf dem Friedhof nordwärts, durchquert links eine Kleingartenanlage und folgt dahinter der Lütjohannstraße rechts hinauf zu einem Spielplatz vor dem **Flughafen Kiel** ❺. Das Flughafengelände wird seit 2006 nicht mehr im Linienverkehr angeflogen, sondern für Privat- und Bundeswehrflüge genutzt. Am Zaun des Flughafengeländes entlang geht es links bis zur ersten Stufenanlage, dort hinab und auf dem Nehringweg zur Richthofenstraße. Dieser folgen wir nach rechts, biegen dann links in die Johann-Sump-Straße ein und kommen über Stufen wieder hinunter zur Schleusenwiese ❶.

Abschließend unternehmen wir einen Abstecher zur Aussichtsplattform der Neuen Schleuse, ein Ausflug, der besonders lohnt, wenn gerade ein Ozeanriese geschleust wird. Rechts geht es entlang der Kanalstraße zum Anleger »Holtenau« der **Kanalfähre Adler** ❻, die auch in den Europäischen Fernwanderweg 1 und die Via Jutlandica des Jakobswegs eingebunden ist; die kostenlose Personen- und Fahrradfähre pendelt pausenlos zum **südlichen Ufer** ❼ des Kanals und markiert zudem das Ende der Nord-Ostsee-Kanal-Route. Vom Anleger »Wik« führt die Uferstraße zum Zollamt; dort befindet sich der Eingang zur **Aussichtsplattform der Neuen Schleuse** ❽. Die erhöht gelegene, überdachte Plattform bietet einen freien Blick auf die Neue Schleuse (von 1914) und ist ganztägig geöffnet. Weiter rechts befindet sich die Nordmole am Scheerhafen, wo durch die Schaffung einer öffentlichen Grünanlage vom Hindenburgufer bis zur Uferstraße und die Anlage von Promenaden und Freiflächen sowie Wohn- und Gewerbeeinheiten das Marinequartier Kiel-Wik entstehen soll. Der Rückweg von der Aussichtsplattform bzw. der Nordmole nutzt dieselbe Route wie der Hinweg; nach der Fährfahrt folgen wir der Kanalstraße zum Ausgangspunkt an der Schleusenwiese ❶.

Blick von der Förde zum Holtenauer Leuchtturm (Mitte), rechts im Hang zwischen den Bäumen die Dankeskirche, links die Mündung des Nord-Ostsee-Kanals, dahinter die Hochbrücke.

↗ 100 m | ↘ 100 m | 18.4 km

33 Kiel – Rastorfer Mühle – Klausdorf

4.30 h

An der Schwentine in die Holsteinische Schweiz

Von ihrer Mündung in die Kieler Bucht folgen der Europäische Fernwanderweg und die östliche Variante der Via Jutlandica der Schwentine auf naturnahen Pfaden flussaufwärts zur Oppendorfer Mühle, zur Rastorfer Mühle und zum Rosensee.

Wilhelm-Heuck-Allee, dann rechts Zum See und nach 200 m links in die Straße Zur Schwentine zum Rosensee.
Anforderungen: Leichte Wanderung auf Parkwegen und Waldpfaden.
Markierung: Zwischen WP 1 und 6 Pilgerweg Via Jutlandica und Europäische Fernwanderwege E1 und E6 (X).
Einkehr: Kiel (Alte Mühle), Oppendorfer Mühle (Mi Ruhetag).
Karte: Wander- und Freizeitkarte 1:50.000 Blatt 8 Kiel/Plön (LVGeoSH).

Ausgangspunkt: Schwentinetalfahrt (5 m), Schiffsanleger an der Straße An der Holsatiamühle in Kiel. Parkplätze vorhanden (Navi: An der Holsatiamühle 1, 24149 Kiel).
ÖPNV: Bushaltestelle »Wellingdorf« 150 m südlich vom Schiffsanleger (WP 1), u. a. der Linie 11 vom Kieler Hbf., www.kvg-kiel.de. Oder gleichnamiger Fähranleger der Schwentinelinie F2 am Geomar, www.sfk-kiel.de. Optionaler Einstieg mit Bahnanbindung möglich ab Raisdorf Bahnhof (0,8 km) zum Rosensee zwischen WP 5 und 6: Dazu nach Querung über

Anleger der Schwentinetalfahrt vor der historischen Schwentinebrücke.

Das Restaurant Alte Mühle und der Schiffsanleger der **Schwentinetalfahrt** ❶ liegen nur wenige Hundert Meter oberhalb der Mündung der Schwentine in die Kieler Förde auf der rechten Flussseite. Das Gebiet ist nach umfassender Sanierung ein beliebtes Ausflugsziel. Auf der um Fußgängerwege erweiterten und mit Informationstafeln versehenen historischen Schwentinebrücke (Schönberger Straße) geht es mit Blick auf die Mündung – wo die Kreuzfahrtschiffe vom Norwegen- und vom Ostseekai vorüberfahren – auf die linke Seite des Flusses, wo sich der Sporthafen Schwentine befindet. Gleich hinter der Brücke beginnt links an der Fischtreppe der Wanderweg. Er unterquert die Ostring-Straßenbrücke (unter der sich auf der gegenüberliegenden Uferseite Parkplätze befinden) und folgt der Schwentine auf einem naturbelassenen Weg unter Bäumen stromaufwärts. An der ehemaligen Badestelle Vossenpott entfernt sich der Wanderweg vorübergehend vom reetgesäumten Ufer, schwenkt dann aber noch einmal hinüber, um die Brücke der Eisenbahnstrecke zwischen Kiel und Schönberger Strand zu unterqueren; am gegenüberliegenden Ufer sind ausgedehnte Seerosenfelder zu sehen. Im weiteren Verlauf ist der Wanderweg an feuchten Stellen mit Bohlen ausgelegt. Auf der nächsten **Stegbrücke** ❷ geht es ans gegenüberliegende Ufer, wo sich der Fernwanderweg

In Kombination mit einer Bootsfahrt ist die Wanderung auch für Kinder ein Erlebnis.

am oberen Talhang durch einen lichten Buchenwald schlängelt und dann über offene Felder an der Siedlung Oppendorf vorbei zum aussichtsreichen Weiler **Lustbarg** ❸ führt. Hier zweigen wir mit der X-Markierung rechts in Richtung Flüggendorf ab, gehen aber ein gutes Stück vor dem Ort noch einmal rechts ins bewaldete Schwentinetal zurück, wo wir uns links haltend die **Oppendorfer Mühle** ❹ erreichen, ein viel besuchtes Ausflugsrestaurant am oberen Wendepunkt der Schwentinetalfahrt.

Hier auf dem Möhlenweg kurz aufwärts, dann zweigt der Wanderweg rechts ab und führt am Rand des Naturschutzgebiets »Altarm der Schwentine« entlang zum 1904 errichteten Wasserkraftwerk 1 der Kieler Stadtwerke und – kurz dahinter – der **Rastorfer Mühle** ❺, wo wir auf das Südufer wechseln. Weiter geht es flussaufwärts. Wir passieren den Schwentinepark Raisdorf (Zutritt kostenlos), der auf 40 ha mit Wildgehegen und dem angrenzenden Freibad Raisdorf zahlreiche Möglichkeiten zur Erholung bietet. Zum Park gehört auch der Rosensee, Stausee eines Wasserkraftwerks, das 1908/09 von Bernhard Howaldt gebaut wurde. Am Rosensee führt die **Weiße Brücke** ❻ autofrei zurück ans Nordufer, wo der Pfad in die Dorfstraße von Rosenfeld mündet. Links durch den Ort, bis an der ersten Kreuzung der Schwentineweg links zurück in die Uferwälder an der Schwentine führt und uns zur **Rastorfer Mühle** ❺ zurückbringt. Hier wechseln wir erneut aufs linke Schwentineufer, wo wir uns diesmal rechts halten. Bis zur Schwentinehalle bei **Klausdorf** ❼ folgt der Wanderweg überwiegend Waldpfaden und -wegen. Vor der Halle geht es rechts unter Laubbäumen zurück ans Ufer, wo der Pfad vor einem Feuchtgebiet in einem Linksbogen zur Ortsmitte von Klausdorf mit der Philippuskirche hinaufschwenkt. Auf der Teichstraße geht es geradewegs auf einen Waldpfad und auf diesem durch weitere Feuchtgebiete am Fluss. An der bekannten **Stegbrücke** ❷ stoßen wir wieder auf die vom Hinweg bekannte Fernwanderweg-Route; sie führt zurück zum Anleger der **Schwentinetalfahrt** ❶ in Kiel.

↗ 65 m | ↘ 70 m | 11.1 km

3.00 h

Raisdorf – Preetz – Kirchsee 34

Streckenwanderung entlang der Schwentine

Durch das Naturschutzgebiet »Altarm der Schwentine« folgen die Europäischen Fernwanderwege E1 und E6 sowie die östliche Variante der Via Jutlandica vom Rosensee bei Raisdorf der Schwentine mit schönen Blicken auf deren Mäander, ehe die Klosterstadt Preetz erreicht wird, wo zum Ausklingen der Kirchsee umrundet werden kann.

Ausgangspunkt: Bahnhof Raisdorf mit Parkplatz an der Westseite (Navi: Bahnhofstraße, 24223 Schwentinental).
Endpunkt: Bahnhof Preetz mit Parkplatz an der Westseite (Navi: Hinter dem Kirchhof, 24211 Preetz).
ÖPNV: Zweimal stündlich Regionalbahnverbindungen zwischen Raisdorf und Preetz.
Anforderungen: Leichte Wanderung über gut befestigte Wege und stellenweise Straßen.
Markierung: Großteils X für Europäischen Fernwanderweg und stilisierte Jakobsmuschel für Via Jutlandica.

Einkehr: Raisdorf, Preetz.
Karte: Wander- und Freizeitkarte 1:50.000 Blatt 8 Kiel/Plön (LVGeoSH).
Varianten: Weglassen der Runde um den Kirchsee (1,8 km kürzer); dazu in der Fußgängerzone rechts halten, kurz links und dann rechts entlang der Bahnhofstraße zum Bahnhof Preetz.
Kombi-Tipp: Längere Streckenwanderung entlang der Schwentine in Verbindung mit Tour 33; dazu Tour 33 bis kurz vor die Weiße Brücke (WP 6) folgen und davor rechts weiter auf den Fernwegen bis Preetz wie hier beschrieben (ohne Kirchsee-Runde 18,7 km).

Schöne Aussicht auf die mäandernde Schwentine.

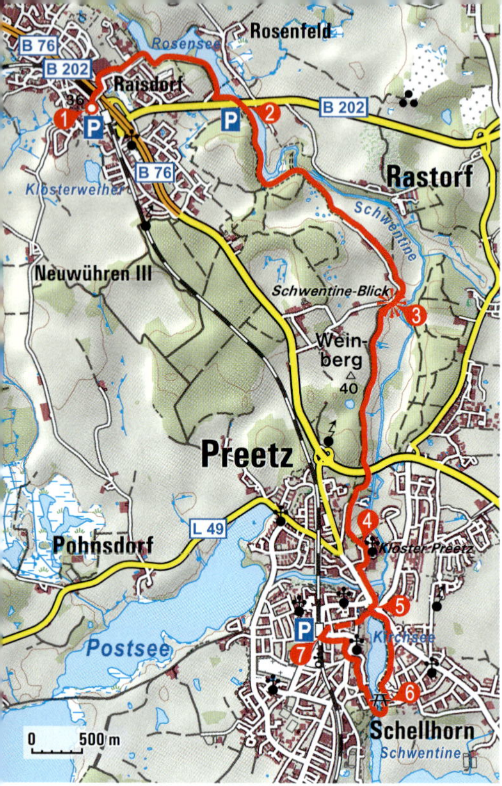

Nördlich vom **Bahnhof Raisdorf** ❶ queren wir die Bahn und Autobahn durch die Unterführung für Fußgänger und Radfahrer und folgen der Wilhelm-Heuck-Allee, biegen an deren Ende rechts in die Straße zum Zum See und zweigen nach 200 m links ab in die Straße Zur Schwentine. Am Waldrand wird die im Gleichlauf mit dem Europäischen Fernwanderweg verlaufende östliche Variante der Via Jutlandica erreicht, die uns bis Preetz führen wird. Wir nähern uns dem 1908 angelegten **Rosensee**, zweigen auf Höhe der Weißen Brücke nach rechts und nach 70 m links in den kleinen Waldpfad.

Die Fernwege queren die B202 und folgen nach Passieren des Parkplatzes **Schwentinebrücke** ❷ der Schwentine an deren rechten Seite. Nach 1,5 km bietet sich rechts auf einer Plattform namens Laubfrosch-Ausblick ein Blick auf eine Feuchtwiese und nach weiteren 1,5 km schwenkt der radfähige Weg bei einer **Aussichtsplattform mit Schwentine-Blick** ❸ und Infotafeln nach rechts, während wir den Fernwanderwegen geradeaus folgen. Der Weg begleitet die Schwentine in einigem Abstand und führt nach 10 Minuten am Ostrand des Weinbergholzes entlang. 100 m nach Querung der B76 halten wir uns bei einer Gabelung rechts und erreichen kurz darauf den Ortsbeginn von Preetz.

Das ehemalige Kloster Preetz.

Kirchsee bei Preetz.

Kurz nach dem Ortsschild zweigt die Via Jutlandica halb links in den Park ab und erreicht nach 200 m das ehemalige **Kloster Preetz** ❹, ein im 13. Jh. gegründetes Benediktinerinnenkloster und seinerzeit ein Zentrum der Kolonisations- und Kulturarbeit. Nach der Reformation wurde aus dem Kloster mit seinen damals rund 40 Dörfern 1542 ein adliges Damenstift, wo 65 Wohneinheiten vermietet und Ländereien von 1600 ha Fläche bewirtschaftet werden. Wir verlassen das Adelige Kloster rechts durch das Torhaus aus dem 18. Jh. und folgen der Klosterstraße links Richtung Zentrum. Vor dem Discounter schwenken wir nach rechts und nach 50 m nach links. Bei einem Bioladen erreichen wir die Fußgängerzone **Lange Brückstraße** ❺, wo nach rechts die Abkürzung zum Bahnhof möglich wäre (s. Variante). Für eine Runde um den Kirchsee gehen wir kurz links, ehe vor dem Café Preetzer Caféstuben ein Fußweg rechts abzweigt, der uns südwärts am Ufer des **Kirchsees** entlangführt. 50 m nach einem **Rastplatz** ❻ queren wir rechts die Schwentine am Südende des Kirchsees und folgen dem Uferweg an der Westseite, nach dessen Ende nordwärts dem Brunnenweg und nach dessen Ende der Seestraße links zur Stadtkirche Preetz aus dem 18. Jh. mit ihrem 30 m hohen Turm. Nach einer kurzen Passage in nordwestliche Richtung entlang der Kirchenstraße führt die Straße Am Alten Amtsgericht links zum **Bahnhof Preetz** ❼.

↗ 70 m | ↘ 70 m | 11.4 km

35 Kiel-Neumühlen – Möltenort – Laboe

3.00 h 🚌 ✕

Auf dem Fördewanderweg

Der meist sehr aussichtsreiche Fördewanderweg erschließt das Ostufer der Kieler Förde zwischen dem Hasselfelder Strand und Laboe; mit der Fördefähre geht es in einer halben Stunde zurück zum Anleger Mönkeberg, von dem ein Waldweg zu zwei Aussichtskanzeln über der Förde und zurück zum Ausgangspunkt führt. Bei Beginn in Mönkeberg ist die Tour auch für Familien mit Kindern zu empfehlen.

Ausgangspunkt: Parkplatz an der Straße Zum Kesselort (16 m) im Kieler Stadtteil Neumühlen, ausgeschildert Richtung »Hasselfelder Strand« (Navi: Zum Kesselort, 24149 Kiel).
ÖPNV: Anleger Mönkeberg (WP 3) der Fördefähre F1. Die Fähre läuft auch Möltenort (WP 6) und Laboe (WP 8) an, je nach Saison etwa alle 2–3 Std., www.sfk-kiel.de.
Anforderungen: Fahrradfähige Wege, denen ab Mönkeberg auch der Ostseeküsten-Radweg folgt; auf dem Rückweg sind an den Ölbergkanzeln Stufenanlagen zu überwinden.
Markierung: Fördewanderweg, ab Mönkeberg Ostseeküsten-Radweg.
Einkehr: Kitzeberg, Heikendorf, Laboe.
Karte: Wander- und Freizeitkarte 1:50.000 Blatt 8 Kiel/Plön (LVGeoSH).
Kombi-Tipp: Verlängerung entlang dem Fördewanderweg mit Tour 36 nach Stein (gesamt 14 km), Rückfahrt mit Bus 120 und Fördefähre.

Die Strandzufahrt Zum Kesselort in einem Waldgebiet in **Kiel-Neumühlen** ist eine **Parkplatzstraße** ❶. Da der Fördewanderweg an der langen Zufahrt nicht ausgeschildert ist, benutzen wir die Ölberg-Aussichtskanzel-Variante erst auf dem Rückweg und steigen am Sandstrand in die Wanderung ein: Schräg links zweigt ein Fußweg zum **Hasselfelder Strand** ❷ ab. Dort nehmen wir den Uferweg, der mit weitem Blick auf Kiel und die Kieler Förde rechts am Waldrand weiterleitet, kurz vor dem Beginn des Mönkeberger Strandes die Rückweg-Abzweigung (Stufenanlage) passiert und dann den **Anleger Mönkeberg** ❸ der Ausflugs- und Linienschiffe und den Jachthafen erreicht. An der Seebrücke mit der Haltestelle der Fördefähre bietet der Kiosk Strandkombüse Erfrischungen an, am Badestrand beim Sportboothafen lädt das Restaurant Dynastie zu aussichtsreicher Einkehr ein.
Hinter Mönkeberg folgt der Fördewanderweg dem Ufer aussichtsreich am

136

Fuß bewaldeter Hügel entlang zum **Kitzeberger Strand** ❹ mit der 1904 eröffneten Kitzeberger Dampferbrücke. Von hier schweift der Blick über die Förde hinweg zur Mündung des Nord-Ostsee-Kanals an den Holtenauer Schleusen und den martialischen Schiffen am Marinestützpunkt Tirpitzhafen, wo auch die Gorch Fock liegt.

Hinter einer aussichtsreichen Landspitze erreicht der Fördewanderweg die Heikendorfer Bucht mit kilometerlangen Sandstränden und der ursprünglich 1904 eröffneten **Seebadeanstalt Heikendorf** ❺. Kurz hinter dem nächsten Landvorsprung erwartet uns der **Hafen Möltenort** ❻ mit einem Jachthafen, einer Dampferbrücke für Ausflugsschiffe sowie dem Anleger der Fördefähre; mehrere Restaurants laden zur Einkehr ein. Ein Hingucker ist das Restaurant- und Angelschiff MS Forelle, das 1943 in Schweden als Vorpostenboot gebaut wurde und für Veranstaltungen gechartert werden kann.

Hinter dem Jachthafen, dem Anleger und dem Restaurant Möltenorter Fährhuus erstreckt sich der Altheikendorfer Badestrand, gefolgt von einer parkartig gestalteten Schanzen-Landspitze mit dem 1930 errichteten **U-Boot-Ehrenmal Möltenort** ❼, das ursprünglich an die im Ersten Weltkrieg gefal-

137

Blick vom Anleger der Fördefähre auf den Mönkeberger Strand und Sportboothafen.

lenen U-Boot-Fahrer erinnern sollte. Heute ist es wie jenes in Laboe allen bei U-Boot-Einsätzen ums Leben gekommenen Soldaten gewidmet. Hinter der Landspitze führt der Fördewanderweg am Heikendorfer Kurstrand mit seinen Restaurants vorbei, von der gegenüberliegenden Seite der Förde grüßt der Leuchtturm Friedrichsort herüber. Im weiteren Verlauf umgeht der Fördewanderweg den Campingplatz Möltenort, führt im Wald durch eine militärische Sperrzone und erreicht die Hafenanlagen von Laboe. Am Jachthafen Baltic Bay gehen wir geradeaus, hinter der Werft links zum

Sportboothafen und am Wasser rechts. An der Tourist-Information mündet die Uferpromenade in die Hafenstraße, die uns links weiterführt, bis am Beginn des Parkplatzes das Ufer die Route zum Hafenplatz mit dem **Anleger Laboe** ❽ vorgibt. Von hier bringt uns die Fördefährlinie F 1, die fördeeinwärts auch außerhalb der Sommersaison verkehrt, über Möltenort zurück zum **Anleger Mönkeberg** ❸. Vom bereits bekannten Strandweg geht es links auf einem nicht zu verfehlenden gestuften Anstieg über die Ölbergkanzeln zurück zum Ausgangspunkt in **Kiel-Neumühlen** ❶.

↗ 25 m | ↘ 25 m | 9.0 km
2.15 h

36 Laboe – Aukrog – Stein

Dünen und Steilküste an der Außenförde

Das Ostseebad Laboe an der Außenförde wartet mit feinsandigen Stränden, einer kilometerlangen Uferpromenade und dem U-Boot-Technikmuseum U 995 zu Füßen des Marine-Ehrenmals auf, dahinter erstreckt sich der Naturerlebnisraum Laboe mit Blick zum Kieler Leuchtturm. Am Surfspot Aukrog verwandelt sich der Fördewanderweg nach Stein in einen Steilküstenwanderweg.

Ausgangspunkt: Hafen Laboe (2 m), Strand-/Hafenstraße, Anleger der Fördefährlinie (Navi: Hafenstraße, 24235 Laboe). Wenn die zahlreichen Parkplätze überfüllt sind, ist der Großparkplatz am Marine-Ehrenmal eine Alternative (Navi: Steiner Weg, 24235 Laboe).
ÖPNV: Anleger Laboe (WP 1) der Fördefähre F1 nahe dem Ausgangspunkt, je nach Saison etwa alle 2–3 Std., www.sfk-kiel.de. Alternativ Buslinie 120 mit Haltestellen »Laboe, Hafen« bei WP 1 »Laboe, Neustein«, bei WP 3 sowie »Stein, Dorfplatz« nahe WP 4, alle mit Linie 120 zwischen Schönberg Bf. und Laboe (tägl. außer So. im Winterhalbjahr), www.vkp.de.
Anforderungen: Leichte Promenaden- und Sandwege, passagenweise am leicht steinigen Spülsaum.
Markierung: Großteils Fördewanderweg.
Einkehr: Zahlreiche Einkehrmöglichkeiten.
Karte: Wander- und Freizeitkarte 1:50.000 Blatt 8 Kiel/Plön (LVGeoSH).
Kombi-Tipp: Verlängerungsmöglichkeit ab Stein mit Tour 37 für zusätzliche Runde um Naturschutzgebiet Barsbeker See (gesamt 23 km).

Der **Hafen Laboe** ❶ umfasst zwei Jachthäfen mit über 700 Liegeplätzen, einen Fischerei- und Gewerbehafen und den Museumshafen. Hier kann man fangfrischen Fisch von den Kuttern kaufen oder mit der Fördefährlinie staufrei zur Bahnhofsbrücke in Kiel fahren.
Vom Hafenplatz folgt der Fördewanderweg der Strandpromenade an der Musikmuschel vorbei zum Meerwasserhallenbad. Unterwegs laden Restaurants zur Einkehr ein und mehrere Zugänge führen auf den feinsandigen Badestrand hinaus. Am Ende der Promenade ist das **U-Boot-Technikmuseum U 995** ❷ unterhalb des Marine-Ehrenmals erreicht. Die monumentale Turmsilhouette des ab 1927 errichteten und anlässlich der Olympischen Spiele 1936 eingeweihten Ehrenmals, das seit 1954 den auf See gebliebenen Seeleuten aller Nationen gewidmet ist und für eine friedliche Seefahrt steht, ragt 85 m in den Himmel und bildet den markantesten Blickfang an der Kieler Außenförde. Mit seiner scharfen Granitfront gegen das Meer und dem landseitig wellenartig geschwungenen Backsteinmantel erinnert das Gebäude an einen Steven. Zwei Aufzüge bzw. 341 Stufen führen hinauf

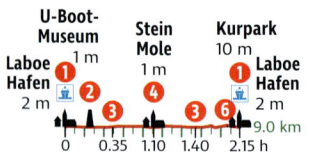

zur Aussichtsplattform auf der Spitze, die eines der weitesten Ostseeküsten-Panoramen bietet.

Vom U-Boot folgt die Wanderung dem als Badestrand genutzten Spülsaum vor dem Naturerlebnisraum Dünenlandschaft. Der Campingplatz, der sich früher auf diesem Gebiet befand, musste 1991 schließen, da eine Veränderung der Küstenlinie beobachtet wurde: Ab 1989 bildete sich eine Sandbank, schließlich entstand weit vor der alten Strandlinie eine von der Ostsee abgetrennte Lagune, deren nördliche Begrenzung inzwischen als Nehrungshaken weit ins Wasser hinauswächst. Unterwegs bietet sich uns ein guter Blick auf den rot-weißen Kieler Leuchtturm, der 1967 weit vor der Kieler Außenförde auf Betonschwimmkästen errichtet wurde und das Leit- und Orientierungsfeuer für die Zufahrt in die Kieler Förde ist. Vor dem Ostende der Lagune passieren wir den Surfspot **Aukrog** ❸, dessen gleichnamiger Gasthof im Sommer 2018 abgebrannt ist. Neubaupläne wurden bisher aus Gründen des Hochwasserschutzes nicht verwirklicht. Hinter dem Aukrog überquert der Fördewanderweg am oberen Strandende die Hagener Au – die Grenze zwischen den Gemeinden Laboe und Stein sowie die historische Westgrenze der Probstei. Wenig später wechselt er an einer Stufenanlage auf den Hochuferweg, der uns an einem ausgedehnten Campingplatzgebiet vorbeiführt. Dahinter weiten sich landeinwärts die Felder. Wenn der Strand schließlich sacht nach links schwingt, ist die seebrückenartige Mole von **Stein** ❹ erreicht.

Von Stein geht es auf derselben Route zurück zum Surfspot **Aukrog** ❸ – alternativ kann man unten am Strand wandern. Ein sandiger Pfad führt zwischen Straße und Lagune landeinwärts zur Gaststätte Det Koffiehuis, entfernt sich dann von der Straße und erreicht die **Meeresbiologische Station Laboe** ❺ in den »historischen Sanitäranlagen« des ehemaligen Campingplatzes: In 30 Aquarien wird die Unterwasserwelt der Ostsee präsentiert. Von der Meeresbiologischen Station führt die autofreie Promenade zurück zum **U-Boot** ❷ beim Marine-Ehrenmal und auf der Strandpromenade noch ein kurzes Stück weiter, bis links der Promenadenweg abzweigt. Er führt an der Hexentreppe vorbei zum **Kurpark** ❻ und setzt sich nach Durchqueren des Parks unter dem Namen Parkstraße fort. Wenige Minuten später ist der Ausgangspunkt am **Hafen Laboe** ❶ wieder erreicht.

S. 142/143: Großsegler auf der Förde vor dem Naturerlebnisraum Dünenlandschaft.

37 Stein – Marina Wendtorf – Wendtorf

↗ 5 m | ↘ 5 m | 14.1 km | 3.15 h

Zum Bottsand und rund um den Barsbeker See

Der geschützte Bottsand nördlich der Marina Wendtorf ist ein bedeutendes Vogelbrut- und -rastrevier. In seinem Hinterland liegt das zuweilen parkartig wirkende Salzwiesen- und Brackwasser-Naturschutzgebiet Barsbeker See, in dem auch Seeadler heimisch geworden sind.

Ausgangspunkt: Strandparkplatz (3 m) am westlichen Ortsrand des Ostseebads Stein an der Durchgangsstraße von Laboe nach Wendtorf (Navi: Zur Steilküste, 24235 Stein).
ÖPNV: Bushaltestellen »Stein/Dorfplatz« nahe WP 1 und »Wendtorf, Marina« zwischen WP 9 und 3, beide mit Linie 120 zwischen Schönberg Bf. und Laboe (tägl. außer So.), im Winterhalbjahr, www.vkp.de. In Stein vom Dorfplatz der Straße Dorfring ca. 150 m in nördliche Richtung folgen bis zur Küste bei der Mole (WP 2).
Anforderungen: Bequeme Promenaden und Wiesenwege.
Einkehr: Stein, Marina Wendtorf.
Tipp: NABU-Naturstation Bottsand bei WP 4 (Wochenende).
Karte: Wander- und Freizeitkarte 1:50.000 Blatt 8 Kiel/Plön (LVGeoSH).

Blick von der Seebrücke Stein auf die Marina Wendtorf.

Vom **Strandparkplatz** ❶ des Ostseebads Stein führt der autofreie Weg Zur Steilküste am Haus des Kurgastes/Uferrestaurant vorbei zum Strand. Die brückenartig ins Meer ragende **Mole** ❷ am Sandstrand ist das Wahrzeichen des Badeorts an der Steiner Bucht, 1889 wurde sie mit einer Länge von 300 m errichtet; zwischen Stein und der Sandbank vor der Küste sollte ein Hafen entstehen. Sandverfrachtungen sorgten dafür, dass 180 m Mole später wieder abgerissen werden mussten und auf dem erhaltenen Moleabschnitt ein Durchlass für Schiffe geschaffen wurde, den die Badegäste auf dem Weg zur Sandbank auf einer Brücke überqueren. Diese Brücke ist so markant, dass sie ins Steiner Stadtwappen aufgenommen wurde. Von Stein geht es auf der Krone des begrasten Seedeichs an den Stränden entlang ostwärts zur **Marina Wendtorf** ❸. Der Sportboothafen wurde anlässlich der Münchner Olympischen Sommerspiele 1972, deren Regattawettbewerbe auf der Kieler Außenförde ausgetragen wurden, im Schutz des Nehrungshakens Bottsand errichtet.

Zwischen der Marina Wendtorf und der Wendtorfer Schleuse erstreckt sich zwischen dem Campingplatz Bonanza und dem Naturschutzgebiet Bottsand der Landesschutzdeich. Dort befindet sich das **Natur-Infozentrum Bottsand** ❹ mit Blick auf das Schutzgebiet, das eine große Brackwasserlagune, angrenzende Brackwasserröhrichte, Feucht- und Trockenrasen-

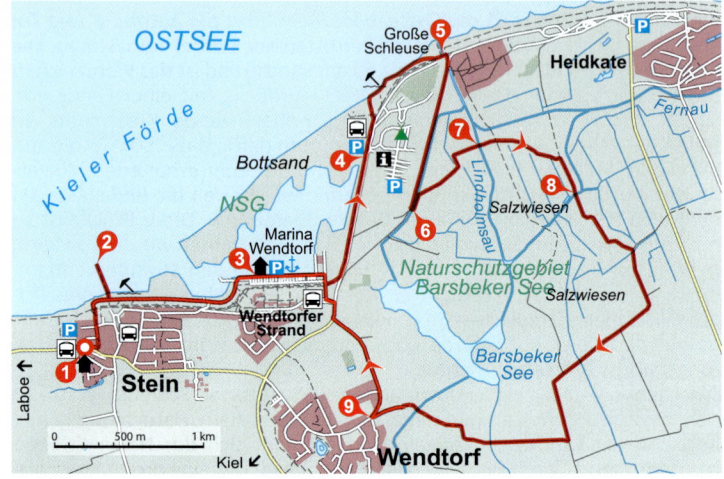

flächen sowie eine Weißdünenlandschaft und steinige Küstenabschnitte umfasst. Im Rahmen von Führungen kann das Rast-, Nahrungs- und Brutrevier zahlreicher Watvögel, Möwen, Seeschwalben und Zugvögel erkundet werden.

Wo das Schutzgebiet wenig später endet, erstreckt sich auf dem hier feinsandigen Bottsand der Nudistenstrand, dann erreichen wir die **Große Schleuse** ❺. Dort folgen wir dem begrünten Deich südwestwärts, bis eine **Stegbrücke** ❻ den Ausfluss aus dem Barsbeker See überquert. Dahinter führt der Wanderweg schräg links weiter, überquert die **Lindholmsau** ❼ auf einer weiteren Stegbrücke und leitet dann im Uhrzeigersinn um das Brackwasser- und Salzwiesen-Naturschutzgebiet Barsbeker See herum. Durch den Deich wurde der Barsbeker See von der Ostsee abgeschnitten, er steht als Feuchtbiotop unter Naturschutz. Sein überschüssiges Wasser wird durch die Schleuse der Ostsee zugeleitet. Auf einer der drei Inseln weiden Schafe, die in Kähnen dorthin verbracht werden. Im Verlauf der Seeumrundung überqueren wir **Fernau** ❽ und Wendtorfer Au, dann erreicht der Wanderweg **Wendtorf** ❾. Am Ortseingang wendet er sich nach rechts und folgt der Strandstraße zurück zur **Marina Wendtorf** ❸. Entlang der Küste geht es links zurück zur Mole und zum **Strandparkplatz** ❶ des Ostseebads **Stein**.

↗ 5 m | ↘ 5 m | 17.9 km

4.00 h Heidkate – Kalifornien – Schönberger Strand 38

🚌 ✕

Feinsandige Strände an der Kolberger Heide

Der Name Kolberger Heide für den Küstenabschnitt im äußersten Norden der Probstei erinnert daran, dass weite Teile der Probsteiküste früher Heidegebiete waren, in denen Hirten ihre Schafe weideten. Der größte Teil dieser Gebiete wurde von der Sturmflut vom 10. Februar 1625 weggerrissen, danach wurde der Name auf den Küstenbereich übertragen.

Ausgangspunkt: Strandparkplatz Heidkate (1 m) am Ende der K 33 in Wisch (Navi: An der Heide, 24217 Wisch).
ÖPNV: Der Museumsbahnhof Schönberger Strand (WP 6) ist erreichbar mit Buslinie 200 (alle 1–2 Std.) nach/von Kiel, www.vkp.de. Oder im Sommer mit der Museumsbahn (Sa./So.) ab Schönberg, www.vvm-museumsbahn.de.
Anforderungen: Bequeme gepflasterte und asphaltierte Wege.
Einkehr: Deichterrassen (Heidkate), Kalifornien, Schönberger Strand, Neuschönberg.
Karte: Wander- und Freizeitkarte 1:50.000 Blatt 8 Kiel/Plön (LVGeoSH).

Das Naherholungsgebiet Heidkate beim gleichnamigen Leuchtfeuer liegt im äußersten Norden der Probstei. Die Heidkate, die dem Gebiet seinen Namen gegeben hat, ist ein altes, restauriertes Bauernhaus, von dem jahrhundertelang die landwirtschaftliche Nutzung der Kolberger Heide ausging. Vom **Strandparkplatz Heidkate** ❶ geht es auf die aussichtsreiche Krone des Seedeichs, der etwa oberhalb der Buhne 5 erreicht wird; links steht das

Schönberger Strand.

Leuchtfeuer Heidkate oberhalb des Surfstrands. Unser Wanderweg aber führt nach rechts. Das Gelände unterscheidet sich hier deutlich von den Strandszenerien weiter westlich: Auf der Krone des begrünten Seedeichs verläuft als Klinkerpromenade der Wanderweg, an dem Sitzbänke zur Rast einladen, am Deichfuß entlang führt der geteerte Radweg in einer Breite, die ihn für Skater und Radler gleichzeitig nutzbar macht, dahinter schließt ein aufgespülter, zuweilen dünenartig wirkender Strandhafersandwall als zusätzlicher Küstenschutz an. Vor dem Deich liegen zwischen mächtigen Buhnen die Sandstrände. Im Rahmen der Deicherhöhung zwischen Wendtorf und Stakendorf 1981–88 wurden T-förmige Steinmolen angelegt, die eine Versandung des bis dahin in diesem Bereich recht steinigen Ostseestrandes eingeleitet haben: Der etwa 30 m breite, weiße Sandstrand fällt flach ab und läuft zwischen den Buhnen in kinderfreundliche Flachwasserbereiche aus. Die nummerierten Buhnen gliedern den Strand in verschiedene Zweckabschnitte. Zwischen Buhne 6 und 8 befindet sich ein bewachter Badestrand, oberhalb lädt das **Restaurant Deichterrassen** ❷ zum Verweilen ein. An Buhne 10 befindet sich der Bootsliegeplatz Heidkate, zwischen Buhne 12 und 14 erneut ein bewachter Badestrand. An Buhne 15 liegen

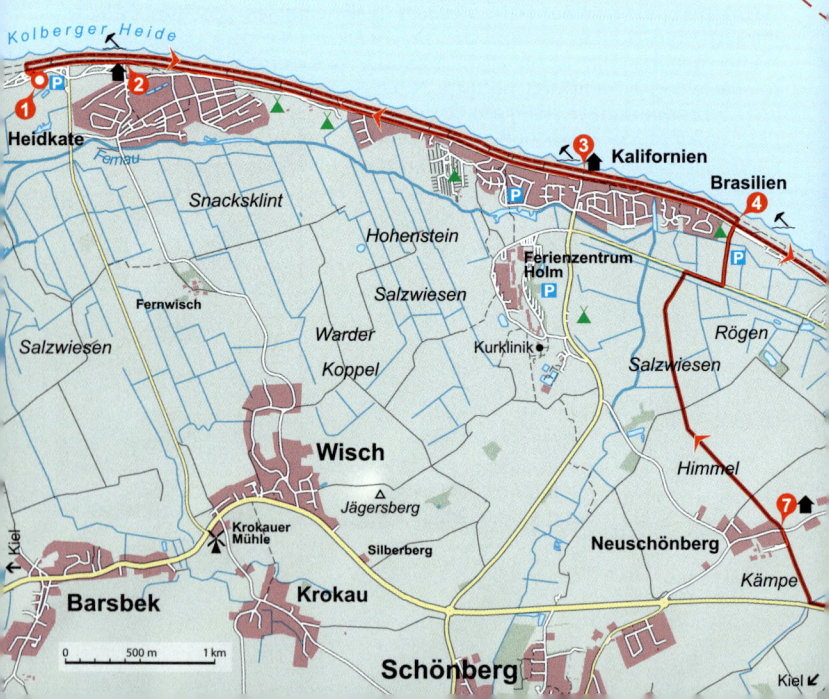

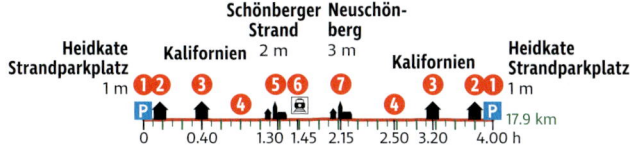

die Boote des Campingplatzes Heidkoppel, und an Buhne 19 beginnt der Strand von **Kalifornien** ❸ vor dem Ferienzentrum Holm. Dieser Strandabschnitt verdankt seinen Namen den an die Küste gespülten Wrackresten eines Schiffs mit dem Namen »California«. Der Legende nach nagelte ein Fischer die beschriftete Planke über seine Tür, woraufhin der Nachbar in seine Brennholzkiste griff, einen schönen Scheit mit dem Schriftzug »Brasilien« versah und diesen seinerseits über die Hüttentür hängte, weshalb der Nachbarstrand den Namen **Brasilien** ❹ trägt. Schließlich erreicht der Wanderweg zwischen Buhne 38 und 39 die 260 m lange Seebrücke am **Schönberger Strand** ❺. Eine erste Seebrücke an dieser Stelle wurde bereits 1912 eröffnet, sie ist jedoch nach Verlängerung der Bahnlinie bis Schönberger Strand und nach Ausbruch des Ersten Weltkriegs 1914 gesprengt worden. 2001 wurde die neue Seebrücke eingeweiht.

Nach Besuch der Seebrücke geht es noch ein kurzes Stück Richtung Osten und dann vor einem Restaurant auf der Straße Am Schierbek landeinwärts zum **Museumsbahnhof Schönberger Strand** ❻ am Endbahnhof der Museumseisenbahn, die im Sommer zwischen dem Kieler Hauptbahnhof und dem Schönberger Strand verkehrt; neben dem Dampflokzug nutzen die Triebwagen des Strandexpress Strecke und Station. Vom Museumsbahnhof führt ein Naturerlebnispfad auf der Ostseite des Gleiskörpers unter Bäumen weiter landeinwärts, entfernt sich im ersten Gehölz vorübergehend von der Bahnlinie, überquert sie dann, schwingt vor dem Ende des Wäldchens rechts zur Bundesstraße hinüber, folgt ihr kurz mit deutlichem Abstand und setzt sich dann rechts als Salzwiesenweg in das Dorf **Neuschönberg** ❼ fort. Hinter dem Dorf führt der autofreie Salzwiesenweg durch ausgedehnte Salz- und Brackwiesen. An der ersten Straße wenden wir uns kurz nach rechts und kehren dann auf der ersten links (vor der Bushaltestelle) zurück zum Strand von **Brasilien** ❹. Über **Kalifornien** ❸ und die **Deichterrassen** ❷ geht es am Deich entlang zurück zum Ausgangspunkt am **Parkplatz Heidkate** ❶.

149

39 Hohenfelder Strandkrabbe – Stakendorfer Strand

↗ 20 m | ↘ 20 m | 15.1 km
3.30 h

Zum Naturschutzgebiet Strandseenlandschaft Schmoel

Die Strandseenlandschaft Schmoel bei Hohenfelde ist dem natürlichen Einfluss der Ostsee überlassen. Freigespülte Baumstämme am Ufer zeigen, dass es hier in der Vergangenheit eine völlig andere Küstenlinie gab.

Ausgangspunkt: Strandrestaurant Strandlächeln (0 m) mit Parkplatz am Ende der Strandstraße in Hohenfelde (Navi: Grünberg, 24257 Hohenfelde).
ÖPNV: Zum Schönberger Strand (WP 7) fährt die Buslinie 200 (alle 1–2 Std.) nach/von Kiel, www.vkp.de. Oder im Sommer die Museumsbahn (Sa./So.) ab Schönberg, www.vvm-museumsbahn.de. Von der Bushaltestelle »Schönberger Strand« bzw. vom Museumsbahnhof 200 m in Fahrtrichtung zur Küste, dort der Promenade 5 Min. nach rechts folgen bis zum Übergang Stakendorfer-Schönberger Strand (WP 7).
Anforderungen: Naturbelassene (Feld-) Wege.
Markierung: Ausgeschilderter Wanderweg am Rand des Naturschutzgebietes.
Einkehr: Hohenfelde (Strandrestaurant Strandlächeln), Übergang zum Schönberger Strand.
Karte: Wander- und Freizeitkarte 1:50.000 Blatt 8 Kiel/Plön (LVGeoSH).

Die **Strandkrabbe** ❶ ist das Hohenfelder Bürgerhaus. Eine Ausstellung im Gemeinschaftsraum dokumentiert die Unterwasserwelt der Umgebung und auf der Dachterrasse des Bistrorants Blaue Perle bietet sich ein exzellenter Blick auf die Ostsee.
Der Wanderweg führt westwärts am Strand entlang zu einer **Aussichtsplattform** ❷ vor einem Biotop, das er landseitig umgeht. Wenig später passieren wir den **ersten Abzweig nach Gut Schmoel** ❸, dann den **zweiten Abzweig** ❹ und erreichen schließlich die **Strandseenlandschaft Schmoel** ❺. Auf den niedrig gelegenen ehemaligen Ackerflächen gedeiht seit der Ausweisung als Naturschutzgebiet eine küstentypische Vegetation mit Meerkohl, Meersenf, Stranddistel, Strandwegerich, Salzmiere und Mauerpfeffer sowie einem vielfältigen Busch- und Baumbestand. Die grünen Flächen werden extensiv von Angus-Rindern beweidet. Auch Reiher-, Löffel-, Knäk-, Krick-, Spieß-, Schnatter-, Brand- und Stockenten finden sich im Naturschutzgebiet, Zwergtaucher und Graugänse sowie Bruchwas-

Wanderweg im Hohenfelder Binnenland.

serläufer, Zwergstrandläufer und Grünschenkel, und mit einem guten Fernglas lässt sich auch der äußerst seltene, am seltsamen Gang erkennbare Kaspische Taumelkäfer ausmachen. Zwergschwalben brüten in einem separat eingezäunten Bereich außerhalb des Naturschutzgebiets.

Im Westen des Naturschutzgebiets überquert der Wanderweg den Scheidebach und erreicht bei Buhne 49 den **Stakendorfer Strand** ❻. Die Promenade auf der Deichkrone führt uns weiter nach Westen, Einkehrmöglichkeiten gibt es am Ende, am Übergang zum **Schönberger Strand** ❼. Hier stärken wir uns für den Rückweg und promenieren auf dem Asphaltweg am Deichfuß ostwärts am **Stakendorfer Strand** ❻ entlang. Ab Buhne 49 geht es auf dem Hinweg zurück zur **Strandseenlandschaft Schmoel** ❺.

An der **ersten Verzweigung** ❹ dahinter bietet sich die Möglichkeit, durch die Felder zum alten **Gut Schmoel** ❽ zu wandern und zumindest von außen einen Blick auf dieses malerische Anwesen zu werfen. Über die Felder geht es aussichtsreich zur Einmündung in den **Uferweg** ❸ und rechts zurück zum Ausgangspunkt vor der Hohenfelder **Strandkrabbe** ❶.

40 Lütjenburg-Nienthal – Hessenstein

↗ 110 m | ↘ 110 m | 9.5 km
2.15 h

Turmhügelburg und Panoramablick über der Hohwachter Bucht

Vom Freilichtmuseum Turmhügelburg im Nienthal führen Wald- und Panoramawege in einer idyllischen Landschaft auf den Pilsberg, wo der zinnenbekränzte Aussichtsturm Hessenstein steht. Hier bietet sich ein einmaliges Panorama der holsteinischen Küste und des Binnenlandes.

Ausgangspunkt: Freilichtmuseum Turmhügelburg (49 m) vor dem nordwestlichen Ortsrand von Lütjenburg (Navi: Nienthal, 24321 Lütjenburg).
ÖPNV: Nur indirekt möglich zur Bushaltestelle »Darry/Panker Berliner Platz« nahe WP 2. Mit Buslinie 260 ab Schönberg Bahnhof in Richtung Lütjenburg (sehr selten), www.vkp.de. Von der Haltestelle 100 m zurück in Fahrtrichtung, links in die Straße »Am Heisch«, nach 150 m Fußweg geradeaus und nach 200 m am Feld etwas links Richtung Wald. Zwischen WP 2 und 3 erreichen wir die Route und folgen dem Weg am Waldrand nach rechts.
Anforderungen: Bequeme Wiesen- und Waldwege, passagenweise grasig.
Einkehr: Hessenstein.
Karte: Wander- und Freizeitkarte 1:50.000 Blatt 8 Kiel/Plön (LVGeoSH).

Die Turmhügelburg im Nienthal.

Namensgeber des Freilichtmuseums **Turmhügelburg Lütjenburg** ❶ im Nienthal ist ein in Zusammenarbeit mit dem Archäologischem Landesamt Schleswig-Holstein anhand historischer Dokumente rekonstruierter Holzburgturm auf einem von einem Wassergraben umgebenen Hügel. Zu seinen Füßen liegt der Nachbau einer holsteinischen Burgdorfanlage, die nach Vorlagen aus der Zeit um 1250 errichtet wurde. In der Vorburg sind ein Wohn- und Stallgebäude, ein Ritterhaus, ein großes Wirtschaftsgebäude, eine Schmiede sowie ein Kornspeicher zu besichtigen, hinzu kommen eine Kapelle und das Burgtor.

Vom Parkplatz am Freilichtmuseum führt ein gut mit »Hessenstein« beschilderter Grasweg in idyllisch abgeschiedenes Wiesenland. Er schwingt vor einem Gatter links hinauf, führt schräg rechts über eine Wiese, am Naturerlebnisraum »Stauchmoränengebiet« kurz nach rechts und dann an

Ostseeblick vom Aussichtsturm Hessenstein auf dem Pilsberg bei Gut Panker.

der Verzweigung links hinauf zu einer zweiten Verzweigung an einem **verlandenden Teich** ❷. Am Waldrand weisen uns die »Hessenstein«-Schilder den Weg nach rechts. Aussichtsreich geht es am Waldsaum entlang, bis wir oberhalb des Dorfs Darry links in den Wald eintauchen und bald die **Rückweg-Verzweigung** ❸ in der Nähe des Grundlosen Sees passieren. Etwas später zweigen wir rechts zur Schutzhütte **Schöne Aussicht** ❹ ab. Die Hütte liegt am Waldrand: Hier kann man wie auf einem Hochsitz über See und Meer rasten und den Blick über den Großen Binnensee und die Ostsee mit der Hohwachter Bucht schweifen lassen.

Zwischen Wald und Kornfeldern leitet der Weg links weiter, taucht wieder in den Wald ein und erreicht schließlich den **Aussichtsturm Hessenstein** ❺ auf dem Pilsberg, dem mit 128 m dritthöchsten Berg in Schleswig-Holstein. Der 1841 zur Zeit der Romantik errichtete achteckige Backsteinturm mit

Blick von der Schutzhütte Schöne Aussicht nach Heiligenhafen.

farbigen bleiverglasten Fenstern steht unter Denkmalschutz, ist aber zu betreten. Der Turmaufstieg folgt einer Gusseisenwendeltreppe mit 111 Stufen; nach Einwurf einer Schutzgebühr von einem Euro an einer Schranke belohnt an den Zinnen ein umwerfendes Seen-, Meer- und Inselpanorama. Im Westen glitzert zwischen Wiesen und Gehölzen der Selenter See, dahinter ragt in der Ferne das Marine-Ehrenmal von Laboe vor der Kieler Außenförde auf, mit dem Fernglas ist der rot-weiße Kieler Leuchtturm vor der Außenförde auszumachen. Im Osten schimmert der Große Binnensee, hinter dem sich an der Hohwachter Bucht die Ostsee öffnet; entlang der Küste gleitet der Blick an den Häusern von Heiligenhafen vorbei zur Insel Fehmarn mit dem Flügger Leuchtturm. Im Norden liegt die dänische Märcheninsel Fünen. Unterhalb des Aussichtsturms befindet sich das Restaurant Forsthaus Hessenstein, in dem der erste Michelin-Stern Holsteins erkocht wurde.

Auf demselben Weg geht es zurück zur Schutzhütte **Schöne Aussicht** ❹, hier nun aber halb links durch aussichtsreiche Felder hinab zum **Friedrichshof** ❻, wo »Lütjenburg«-Schilder halb rechts hinauf zum Wald zeigen und den Weg zurück zur bekannten **Rückweg-Verzweigung** ❸ nahe des Grundlosen Sees weisen. Auf dem Anstiegsweg geht es zurück zur Verzweigung am **verlandenden Teich** ❷: Hier ist rechts ein kleines **Eiszeitmuseum** ❼ in einem Gehöft in Einzellage ausgeschildert. Nach dem Besuch geht es auf dessen Zufahrt durch Wiesen zurück zum Ausgangspunkt an der **Turmhügelburg Lütjenburg** ❶.

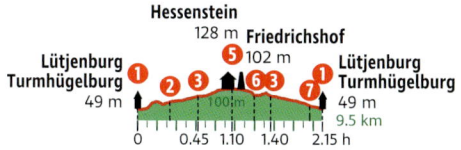

TOP 41 Panker – Waterneverstorf – Stöfs

↗ 120 m | ↘ 120 m | 13.3 km
3.15 h

Gutsdorf, aussichtsreiche Moränen, Großer Binnensee

Aussichtsreiche Moränen erstrecken sich zwischen dem malerischen Gutsdorf Panker und dem Großen Binnensee, einem Strandsee, den Nehrungshaken durch natürliche Sandanlandungen im Lauf von Jahrtausenden von der Ostsee abgeriegelt haben.

Ausgangspunkt: Panker (55 m), Parkplätze an der Panker Straße am Restaurant Ole Liese (Navi: Panker 1007, 24321 Panker).
ÖPNV: Haltestelle »Panker Chaussee« nahe dem Ausgangspunkt mit der täglich außer So. verkehrenden Linie 260 von Lütjenburg nach Schönberg, www.vkp.de.
Anforderungen: Bequeme Feld- und Waldwege, teils asphaltiert, teils sandig.
Einkehr: Panker.
Karte: Wander- und Freizeitkarte 1:50.000 Blatt 8 Kiel/Plön (LVGeoSH).

Das Herrenhaus Panker (in Privatbesitz) mit dem Landschaftspark am Hofsee bildete 1967 die Kulisse für die Verfilmung von Kurt Tucholskys Novelle »Rheinsberg. Ein Bilderbuch für Verliebte«. Das zugehörige **Gutsdorf Panker** ❶ ist ein Bilderbuchdorf unter alten Eichen, dessen Baumbestand

Hinter einer Schilfzone zeigt sich der Große Binnensee.

seit dem 19. Jh. nahezu unverändert ist. In einigen Häusern befinden sich Künstler-Ateliers, Pferdeliebhaber zieht die 1947 begonnene Trakehnerzucht an. Das Gut wurde im 14. Jh. von der Familie Rantzau begründet, nach 1739 machte es der aus dem Haus Hessen-Kassel stammende schwedische König Fredrik I. zum Zentrum der Herrschaft Hessenstein. Vom Herrenhaus geht es mit Hofsee-Blick am Restaurant Ole Liese vorbei und dann rechts zum historischen Torhaus mit dem Atelier Stilhaus Panker. Kurz vor dem Torhaus zweigt bei der Boutique Flora Magica links der Wanderweg ab, führt an der Verzweigung am Gehölzrand geradeaus und schwenkt, von Bäumen flankiert, rechts in die Felder ein. An der nächsten **Verzweigung** ❷ links und geradeaus durch die aussichtsreiche, hügelige Feldflur. An der Verzweigung vor dem **Waldstück Dasdorfer See** ❸ führt ein wiederum von Bäumen flankierter Weg rechts hinab zur Bushaltestelle Mühlenberg. Dort folgen wir zunächst der Allee Am Mühlenberg zum klassizistischen **Herrenhaus Waterneverstorf** ❹, das aus einer mittelalterlichen Wasserburg hervorgegangen ist, und dann rechts dem sandigen Wanderweg, der parallel zum Hochufer des Großen Binnensees verläuft.

An der **Wegverzweigung** ❺ in den Wäldern im Südwesten des Binnensees zeigen Schilder rechts zum Weiler Eetz, nach Queren der Straße an der Bushaltestelle geht es weiter geradeaus und im Wald zum **Plötzenberg** ❻, wo wir auf die 2-Markierungen der Lütjenburger Laufroute stoßen. Sie folgt dem Waldweg rechts und wechselt dann links auf einen Wallheckenweg in den Wiesen. Dieser erreicht kurz vor dem Dorf Darry ein **Wegdreieck** ❼ zwischen Plötzenberg, Brammer See und einem hohen, grünen Hügel: Hier geht es rechts am Fuß des grünen Hügels weiter, hinter dem Gehöft rechts in die Felder und im Linksbogen Richtung **Stöfs** ❽. Kurz vor dem Weiler (in dem sich an einer Sitzbank an der Straße ein traumhafter Ausblick auf den Großen Binnensee und die Ostsee bietet) knickt der Wanderweg im Wald links ab und erreicht nach Verlassen des Waldes die bekannte **Wegverzweigung** ❷, an der es links zurück zum **Gutsdorf Panker** ❶ geht.

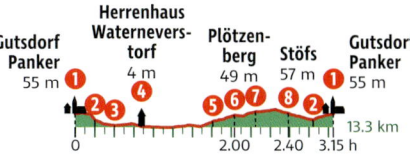

42 Behrensdorf – Lippe – Leuchtturm Neuland

↗ 0 m | ↘ 0 m | 9.6 km
2.15 h

Strände, Salzwiesen und Seeadler am Kleinen Binnensee

Das Naturschutzgebiet Kleiner Binnensee und angrenzende Salzwiesen ist ein Rückzugsgebiet für zahlreiche Vogelarten, auch Seeadler sind gelegentlich zu beobachten. Der herrliche Wanderweg zum Strand bei Lippe lässt sich auf dem Rückweg zumindest zeitweise durch die Strandroute variieren.

Ausgangspunkt: Strandparkplatz Behrensdorf (1 m) (Navi: Strandstraße, 24321 Behrensdorf).
ÖPNV: Bushaltestelle »Behrensdorf Brücke«, 1 km vom Ausgangspunkt mit Linie 312 von Lütjenburg (wenige Male am Tag, teils Anrufsammeltaxi), www.vkp.de. Von der Bushaltestelle der Strandstraße 1 km ostwärts folgen zum Strandparkplatz (WP 1).
Anforderungen: Bequemer (Feld-)Weg und teilweise steinige Strandpassagen, an den Strandübergängen Stufenanlagen.
Einkehr: Lippe.
Karte: Wander- und Freizeitkarte 1:50.000 Blatt 10 Fehmarn/Lütjenburg (LVGeoSH).
Hinweis: Der Strand zwischen WP 3 und 4 darf aus Vogelschutzgründen zwischen 1. April und 30. September nicht begangen werden.

Vom **Behrensdorfer Strandparkplatz** ❶ am Ende der Strandstraße geht es hinaus auf den kurtaxefreien **Behrensdorfer Strand** ❷; während des kurzen Wegstücks über den aufgespülten Dünenwall schweift der Blick links über die Wiesen zum Leuchtturm Neuland, während sich rechts das Naturschutzgebiet Kleiner Binnensee und angrenzende Salzwiesen befindet. Die Wasserlinie gibt kurz die Route ostwärts vor, doch am Ende des Badestrandes wechseln wir auf den bequemen Wanderweg landseitig des Strandwalls. Vom Wanderweg aus führen mehrere Übergänge zum Strand. Zwischen dem **Strandabgang** ❸ hinter dem kleinen Linksknick des Wanderwegs und dem nachfolgenden **Strandabgang am Teich** ❹ gehen wir auf dem Landseitenweg am Teich vorbei, wobei sich ein guter Aus-

Leuchtturm Neuland.

blick bietet – im Winterhalbjahr darf auch der ansonsten gesperrte Strand begangen werden (siehe Hinweis). Nach Passieren einer in einem Gehölz versteckten **Naturschutzwarthütte** ❺ kündigt ein Schild vor einem steinigen, menschenleeren Strand einen »unbewachten FKK-Badestrand« an. Hier schwingt der Weg landeinwärts, führt an einem gebührenpflichtigen Parkplatz vorbei und erreicht bald darauf das reetgedeckte **Restaurant Klabautermann** ❻ vor dem Sportboothafen Lippe.

Auf demselben Weg zurück zur Stufenanlage bei der **Naturschutzwarthütte** ❺, wo man zum ausgeschilderten FKK-Strand hinabsteigen und an der Wasserlinie weiterwandern kann, wobei wir zwischen ❸ und ❹ wie auf dem Hinweg im Sommerhalbjahr landseitig am Teich entlanggehen. Erst am nächsten **Strandabgang** ❸ darf man dann wieder hinunter an den Strand. Zurück am **Behrensdorfer Strand** ❷ wenden wir uns kurz landeinwärts und wandern kurz vor dem **Strandparkplatz** ❶ rechts durch die Wiesen zum **Leuchtturm Neuland** ❼. Der von der Bundeswehr betriebene Leuchtturm ziert das Wappen der Gemeinde Behrensdorf und wurde durch die Leuchtturm-Briefmarke von 2006 überregional bekannt. Zweimal jährlich im Sommer kann der 1918 errichtete Backsteinturm im Rahmen eines »Leuchtturmtags« besichtigt werden; ansonsten fungiert er als Warnfeuer bei Übungen der Bundeswehr in den Schießgebieten Putlos (rotes Blitzfeuer) und Todendorf (gelbes Blitzfeuer). Vom Leuchtturm geht es hinaus zum Strand und an der Wasserlinie zurück zum **Behrensdorfer Strandparkplatz** ❶.

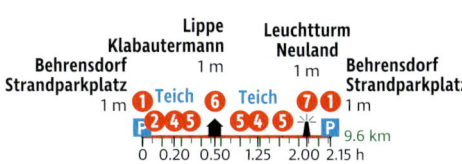

↗ 30 m | ↘ 30 m | 11.4 km
2.45 h

43 Hohwacht – Sehlendorfer Binnensee

An der Hohwachter Bucht

Weiße Sandstrände, große Strandlagunen, der Wechsel von Flach- und Steilküsten und eine herrliche Hügellandschaft mit Buchenwäldern kennzeichnen die Hohwachter Bucht, die sich als sanft geschwungener Bogen östlich des Kossautals erstreckt. Im Hinterland liegen Binnenseen wie der geschützte Sehlendorfer See hinter dem gleichnamigen Strand, wo sich auf Aussichtsplattformen die Möglichkeit zu ausgiebiger Naturbeobachtung bietet.

Ausgangspunkt: Strandparkplatz (1 m) am Ende der Seestraße in Hohwacht (Navi: Dünenweg 1, 24321 Hohwacht).
ÖPNV: Bushaltestelle »Hohwacht Berliner Platz« nahe dem Hohwachter Kurpark (WP 8). Linie 350 täglich etwa stündlich von Plön, www.vkp.de.

Anforderungen: In Hanglage sind Stufenanlagen zu überwinden, ansonsten bequeme Pflaster-, Asphalt- und Feldwege.
Einkehr: Hohwacht, Alt-Hohwacht.
Karte: Wander- und Freizeitkarte 1:50.000 Blatt 10 Fehmarn/Lütjenburg (LVGeoSH).

Das Ostseeheilbad Hohwacht ist der Namensgeber der Hohwachter Bucht, die durch weiße Sandstrände ebenso besticht wie durch die von alten Buchen bestandene Kliffküste mit weiter Aussicht. Die herrliche Landschaft hat zahlreiche Künstler inspiriert. Vom **Hohwachter Strandparkplatz** ❶ am Ende der Seestraße geht es zur geklinkerten Strandpromenade, die vor Heckenrosensträuchern rechts zum modernen Wahrzeichen des einstigen Fischerdorfs, der **Seeplattform Hohwachter Flunder** ❷, führt. Die 370 m² große Plattform aus Eichenholzbohlen trägt eine 24 m hohe Stahlkonstruktion mit goldener Kugel, sie fungiert als Rastplatz sowie als Veranstaltungsort für Konzerte und Strandgottesdienste.

Blick von der Kante der Hohwachter Steilküste.

Von der Flunder führt die Strandpromenade weiter ostwärts. Hinter einem Imbiss mit Strandkorbverleih rückt die von Laubbäumen bestandene Hohwachter Steilküste nah an den Weg heran. Infolge eines Beschlusses der Gemeindevertretung dürfen Häuser in Hohwacht nicht höher sein als die Wipfel der Bäume, was dafür gesorgt hat, dass der Bettenburgenbauboom der 1960er- und 1970er-Jahre an Hohwacht vorübergegangen ist. Wo die Strandpromenade endet, führt eine Stufenanlage durch die hier Hohes Ufer genannte Steilküste, oben leitet eine Promenade links weiter zur Aussichtsplattform **Kiek ut** ❸ mit Blick auf die Strände und die Insel Fehmarn – ein schöner Platz zum Verweilen.

Der Kiek ut über der Hohwachter Bucht.

Stets in etwa entlang der Abbruchkante geht es zu einer kurzen Stufenanlage, die zum Alt-Hohwachter Strand hinabführt, wo eine **Seebrücke** ❹ in die Ostsee hinausragt. Von dort folgen wir dem Weg oberhalb des Strandes südwärts zur Minigolfanlage, die wir landseitig umrunden, um dann links auf dem Tivoli-Wanderweg zum gleichnamigen Gehöft am Rand des Naturschutzgebiets Sehlendorfer Binnensee zu gelangen. Geradeaus weiter geht es in Richtung der Broeck-Brücke, vor der rechts ein Pfad durch das Naturschutzgebiet abzweigt, an dessen Ende sich eine **Beobachtungsplattform** ❺ befindet – sie bietet einen weiten Ausblick auf die Tivoli-Bucht des Binnensees mit Salzwiesen und Brackwasserröhrichten sowie auf die inselartige Sandbank vor dem Austritt des Broeck aus dem See. Der kleine Wasserlauf verbindet den Sehlendorfer Binnensee mit der Ostsee: Bei hohem Wasserstand in der Ostsee strömt Salzwasser durch den Broeck in den Binnensee und vermischt sich mit dem Süßwasser aus dem Hinterland zu Brackwasser.

Wir gehen zurück zur letzten Abzweigung und überqueren auf der Stegbrücke den Broeck. Dahinter folgt der Wanderweg dem Strandwall, der den Binnensee von der Ostsee abschirmt. An einer weiteren Aussichtsplattform links vom Weg haben wir einen Überblick über den von Trockenrasen bedeckten Wall, die Mündung des Broeck und die Plattenbucht des Binnensees. Kurz hinter der Beobachtungsplattform erreichen wir an Sanitäranlagen links den feinsandigen **Sehlendorfer Strand** ❻, der sich 2 km weit in Richtung Osten erstreckt, bis hinter einer Landspitze der Weißenhäuser Strand anschließt.

Am ersten **Gehölz** ❼ machen wir kehrt, folgen dem Weg hinter dem Küstenbaumstreifen am Rand der Felder zurück und erreichen bei den Sanitäranlagen und dem Abzweig zum **Sehlendorfer Strand** ❻ wieder das Naturschutzgebiet. Nach Überqueren der Broeck-Brücke geht es an der Verzweigung am Ende des Naturschutzgebiets rechts hinaus zum Strand, die Wasserlinie gibt die Route zurück zur **Seebrücke** ❹ am Alt-Hohwachter Strand vor.

Wer möchte, kann nun am Strand weiterwandern, doch da die Ausblicke vom Hohen Ufer so gut sind, kehren wir zurück zur **Aussichtsplattform Kiek ut** ❸ und folgen dann dem Weg am Rand des Abbruchs bis zum **Hohwachter Kurpark** ❽. Nach einem Abstecher zum dortigen Teich geht es zurück zur Promenade und schräg links im Wald hinab: Unten erreichen wir auf Höhe der Hohwachter Flunder die Strandpromenade, die uns vor den Heckenrosensträuchern links zurück zum Ausgangspunkt am **Hohwachter Strandparkplatz** ❶ führt.

↗ 50 m | ↘ 50 m | 7.2 km
1.45 h

Plön – Prinzeninsel 44

Wanderung im Norden des Plöner Sees zu beliebter Halbinsel

Diese Wanderung führt als Klassiker von der Kreisstadt Plön vorbei am Plöner Schloss zur Prinzeninsel, die im 19. Jh. durch Absenkung des Seespiegels zur Halbinsel degradiert wurde. Der Name geht zurück auf die Söhne des Kaisers Wilhelm II., die im Niedersächsischen Bauernhaus am Südende der Insel in das bodenständige Handwerk der Landwirtschaft eingewiesen wurden und im Strandbad das Schwimmen lernten. Diese kurze Wanderung bietet schöne Blicke auf den Plöner See, Uferpromenaden und Waldwege. Anfangs folgt diese Tour dem Plöner Planetenpfad, als Höhepunkt zum Schluss ist ein Abstecher zum Parnaß-Turm möglich mit weitem Ausblick auf die Seenlandschaft rund um Plön.

Ausgangspunkt: Plön Bahnhof (22 m), nächster größerer (gebührenpflichtiger) Parkplatz südlich vom Schwanensee (Navi: Stadtgrabenstraße 10, 24306 Plön).
ÖPNV: Halbstündliche Regionalbahnverbindung ab Plön Richtung Kiel und Lübeck.
Anforderungen: Leichte Wanderung über gut ausgebaute und befestigte Wege, Uferpfade und -promenade.
Markierung: Großteils Strich und Wegweiser mit Entfernungsangaben.
Einkehr: Restaurant Prinzeninsel (Mo. Ruhetag) und Beach Club am Strandbad (Mi.–So.), Plön.
Karte: Wander- und Freizeitkarte 1:25.000 Holsteinische Schweiz (LVGeoSH).
Variante: Abstecher vom Bahnhof zum 20 m hohen Parnaß-Turm oberhalb von Plön mit Blick über die Seenlandschaft um Plön (2 x 1,6 km). Dazu ab Bahnhof nordwärts auf Straße am Zob, links in die Bahnhofstraße und gleich rechts in den Gänsemarkt, in den auch der mit »X« markierte E1 einmündet, der entlang der Straßen Gänsemarkt, Rodomstorstraße und zuletzt Langenbusch aufwärts zum Parnaß-Turm führt mit Ausblick aus 85 m Höhe. Zurück geht es auf demselben Weg.
Tipps: Bei Badestelle auf Prinzeninsel, Parnaß-Aussichtsturm (s. Variante), Plöner Schloss mit Infozentrum zum Naturpark Holsteinische Schweiz im ehemaligen Reitstall des Schlosses.

Seepromenade in Plön.

Prinzenbad.

Mit dem direkt am See gelegenen **Bahnhof Plön** ❶ im Rücken gehen wir südwestwärts, unterqueren die Bahngleise und folgen der Uferpromenade in südwestliche Richtung – die Prinzeninsel vorne links im Blick, vorbei am Schiffsanleger. Stellenweise erinnern Infotafeln an den Plöner Planetenpfad zwischen Marktbrücke (Sonne) und Prinzeninsel (Neptun), der die Entfernung der Planeten im Maßstab 1:2 Milliarden wiedergibt.

Nach 2 km macht der Weg am Anfang der Prinzeninsel einen kurzen Rechtsschwenk in das Landesinnere zum Umgehen des Schüler-Ruder- und Segelvereins Plön, nähert sich danach aber sich links haltend wieder dem Ufer an. Links bieten sich zwischen den Bäumen stellenweise schöne Blicke auf das Plöner Schloss. Beim **Kadettenfriedhof** ❷ halten wir uns links und ignorieren nach der Brücke den rechts abzweigenden Pfad. Wir umgehen die Prinzeninsel so ufernah wie möglich im Uhrzeigersinn. Auf Höhe des Schiffsanlegers bietet sich nach rechts ein Abstecher zum Niedersächsischen Bauernhaus an mit Einkehrgelegenheit. Kurz erscheint an der Südspitze der **Kaiserin-Pavillon** ❸ mit schönem Seeblick, angeblich der Lieblingsplatz der letzten deutschen Kaiserin, Auguste Viktoria. Der Uferpfad führt durch Wald zum **Prinzenbad** ❹, an dem die Hohenzollern-Söhne ziemlich gefahrlos das Schwimmen lernen konnten, weil an dem flach abfallenden Ufer das Wasser selbst in 30 m Entfernung vom Ufer gerade mal 1,20 m tief ist. Weiter geht es durch Wald wieder zum **Kadet-**

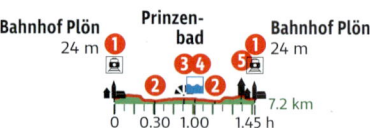

tenfriedhof ❷. Dort halten wir uns links, links vorbei am Alten Apfelgarten, der betreten werden darf, ohne Früchte der rund 100 Apfelbäume zu pflücken. Bei einer Kreuzung gehen wir geradeaus genauso wie kurz darauf beim Rondell mit Reetdach-Überstand Richtung Schloss Plön (1,0 km). Nach einer Bahnbrücke mit rotem Geländer schwenken wir nach rechts und folgen dem Weg durch den Schlosspark mit dem Prinzenhaus – ehemals Wohnort der Hohenzollern-Söhne – zum **Schloss Plön** ❺ mit einer wechselhaften Geschichte: Als herzogliches Residenzschloss im 17. Jh erbaut, preußische Kadettenanstalt im 19. Jh., Schulinternat im 20. Jh. und seit 2001 im Besitz der Optikerkette Fielmann zur Aus-/Fortbildung von Optikern. Rechts am Schloss vorbei führt uns die kleine Straße Schlossberg zum Markt mit der St.-Nikolai-Kirche, einem Backsteinbau aus dem 17. Jh., an dieser vorbei und hinter der Sparkasse zur Straße Am Bootshafen, die uns links zurück zum **Bahnhof Plön** ❶ führt.

Blick von der Prinzeninsel auf das Plöner Schloss.

↗ 140 m | ↘ 120 m | 26.8 km

45 — Plön – Bad Malente – Eutin

6.15 h

Sieben-Seen-Wanderung auf dem E 1

Die Seenwanderung von Plön über Bad Malente in die Schlossstadt Eutin ist die zentrale Fernwanderroute durch die Seenlandschaft der Holsteinischen Schweiz. Die drei Orte liegen an derselben Bahnlinie, sodass sich die Wanderung in der Länge variieren lässt.

Ausgangspunkt: Bahnhof Plön (22 m). Nur wenige Parkplätze im Ort bieten gratis längere Parkmöglichkeiten, z. B. P5, etwa 1 km vom Bahnhof (Navi: Stadtseeweg, 24306 Plön).
Endpunkt: Bahnhof Eutin (38 m) mit besserer Parkmöglichkeit als in Plön; P6 (gratis) am Bahnhof (Navi: Elisabethstraße, 23701 Eutin).
ÖPNV: Halbstündliche Regionalbahnverbindung zwischen Plön und Eutin über Bad Malente.
Anforderungen: Leichte, aber lange Seeufer- und Waldtour auf gepflegten Wegen.
Markierung: Europäische Fernwanderwege E1 und E6 (X).
Einkehr: Zahlreiche Einkehrmöglichkeiten.
Karte: Wander- und Freizeitkarte 1:25.000 Holsteinische Schweiz (LVGeoSH).
Variante: Abkürzungsmöglichkeit per Bahn in Bad Malente (WP 5) oder per Schiff (www.5-seen-fahrt.de) an mehreren Anlegestellen (Beschreibung).
Tipp: Schloss Eutin mit großteils originaler Ausstattung, www.schloss-eutin.de.

Schiffsanleger in Bad Malente.

Am Dieksee.

Der Bahnhof in **Plön** ❶ mit dem vorgelagerten Busbahnhof liegt an der Nordbucht des Großen Plöner Sees unweit des Seglerhafens und der Fahrgastschiff-Anlegestelle, an denen uns der Europäische Fernwanderweg 1 nach autofreiem Unterqueren des Gleiskörpers mit weitem Seeblick ostwärts vorbeiführt. Von der von Restaurants und Platanen gesäumten Eutiner Straße zweigen wir rechts in die Rosenstraße ab, die nach kurzer Zeit in eine Promenade im ufernahen Stadtwäldchen übergeht. Hier laden Sitzbänke zur Rast ein. Vorbei an der Badestelle Fegetasche geht es zur Fahrgastschiff-Anlegestelle **Fegetasche** ❷ an der Schwentine-Mündung und hier links hinauf zur Straße, die die Wasserverbindung zwischen dem Großen Plöner See und dem Höftsee überbrückt: Auf dem Rad- und Fußweg geht es rechts über die Schwentine und am Edebergsee entlang. Dahinter auf dem Kieler Kamp links und sich rechts haltend am Großen Madebrökensee vorbei in die Wälder am Ufer von Höftsee und Behler See. Am **Jugendzeltlager Adlerhorst** ❸ befindet sich eine Badestelle. Die Landengen zwischen den Seen sind so schmal, dass sich der Wanderweg an der nun folgenden zwischen Behler und Suhrer See den Platz mit der Straße teilen muss; erst am **Anleger Niederkleveez** ❹, wo man sich auf der Seeterrasse stärken kann, taucht er wieder in die stillen Wälder ein. Am Südufer des Dieksees führt er uns aussichtsreich zum **Anleger Gremsmühlen** ❺ gleich neben dem Bahn- und Busbahnhof von Bad Malente.

Vom Anleger folgt der E 1 der Hindenburgallee ortseinwärts, die jenseits der Bahnlinie als Bahnhofstraße weitergeführt wird. Hinter dem Kurpark zweigen wir rechts auf die Lindenallee ab, die uns zum Anleger **Linden-**

Am Anleger am Fissauer Fährhaus können Wanderer an Land gehen, die den Kellersee von Bad Malente aus mit dem Schiff überquert haben.

allee ❻ am Westufer des Kellersees bringt. Hier schwenkt der Fernwanderweg links in den Kellerseerundweg Richtung »Sielbeck« ein, passiert die **Anleger Janusallee ❼** und **Fischerei ❽** und läuft nach einem Stück längs der Landstraße auf Waldwegen am Nordufer des Sees entlang. In der Nordostbucht ist das Ausflugsrestaurant **Uklei-Fährhaus ❾** in Sielbeck erreicht. Weiter geht es zum Schiffsanleger am Restaurant **Fissauer Fährhaus ❿** in der Südbucht, wo die Schwentine in den Kellersee einmündet. Die X-Markierung folgt dem Fluss auf dem Christine-Boelck-Weg aufwärts zum Großen Eutiner See, zur Schwimmhalle und am Seepark entlang zum **Eutiner Schloss ⓫** am Rand der Altstadt. Von dort geht es an der Michaeliskirche vorbei zum Markt, von dem die autofreie Peterstraße in Richtung des nahen Bahnhofs in **Eutin ⓬** weiterleitet; dort fährt mindestens stündlich der Zug zurück nach Bad Malente und Plön.

↗ 80 m | ↘ 80 m | 15.4 km

46 Bad Malente – Uklei-Fährhaus – Fissauer Fährhaus

3.30 h

Im Herzen der Holsteinischen Schweiz

Der Kellersee im Herzen der Holsteinischen Schweiz erstreckt sich auf 560 Hektar zwischen Bad Malente und den Eutiner Ortsteilen Sielbeck und Fissau. Wälder, Schiffsanleger, Wander- und Radwege sowie Strandbäder und Ausflugsrestaurants säumen den nur 27 Meter tiefen See. Im Hochsommer ist er Austragungsort der Kellersee-Segelregatta. Die Schönheit des Sees führte dazu, dass der Hotelier Johannes Janus sein Hotel in Malente 1885 »Holsteinische Schweiz« nannte. Die Werbemaßnahme war so erfolgreich, dass der Name auf die umgebende Landschaft überging.

Ausgangspunkt: Schiffsanleger Janusallee (27 m) in Malente-Gremsmühlen mit Parkplätzen (Navi: Janusallee, 23714 Malente).
ÖPNV: Bahn bis Bad Malente. Dort der Bahnhofstraße nach rechts 1 km durch den Ort folgen bis zu einer großen Kreuzung; weiter auf der Janusallee geradeaus zum Schiffsanleger (WP 1).
Anforderungen: Leichte Seeufer- und Waldwanderung auf fast durchgehend fahrradfähigen Wegen.
Markierung: Zwischen WP 1 und 4 Europäische Fernwanderwege E1 und E6 (X).
Einkehr: Bad Malente, Fischerei, Uklei-Fährhaus, Fissauer Fährhaus.
Karte: Wander- und Freizeitkarte 1:25.000 Holsteinische Schweiz (LVGeo-SH).
Variante: Mit einer Fahrt auf dem Kellersee-Fahrgastschiff MS Luise, das an den Anlegern Lindenallee, Janusallee und Fischerei in Bad Malente, Uklei-Fährhaus und Fissauer Fährhaus verkehrt, lässt sich die Wegstrecke auf angenehme Art verkürzen, www.5-seen-fahrt.de.

Vom Schiffsanleger **Janusallee** ❶ in Bad Malente folgen wir dem Kellerseerundweg im Uhrzeigersinn um den See. Wir gehen unter alten Laubbäumen nordwärts, durch aussichtsreiche Feld- und Wiesenflur, vorübergehend an einer Straße durch bebautes Gebiet und dann wieder in den Wald am von Buchten und Landzungen gegliederten sowie von Schilfgürteln und Verlandungszonen gesäumten Uferbereich. Der nächste Schiffsanleger ist der im Rahmen eines kurzen Abstechers erreichbare **Anleger Fischerei** ❷, wo das Fischbrötchen-Restaurant Seehütte zur Einkehr einlädt. Am Nordufer des Kellersees geht es weiter, zunächst ein Stück an der Schweizer Straße entlang, dann durch Gehölze und zuletzt sehr aussichtsreich zum **Anleger Uklei-Fährhaus** ❸ beim gleichnamigen Hotel-Restaurant in Sielbeck.

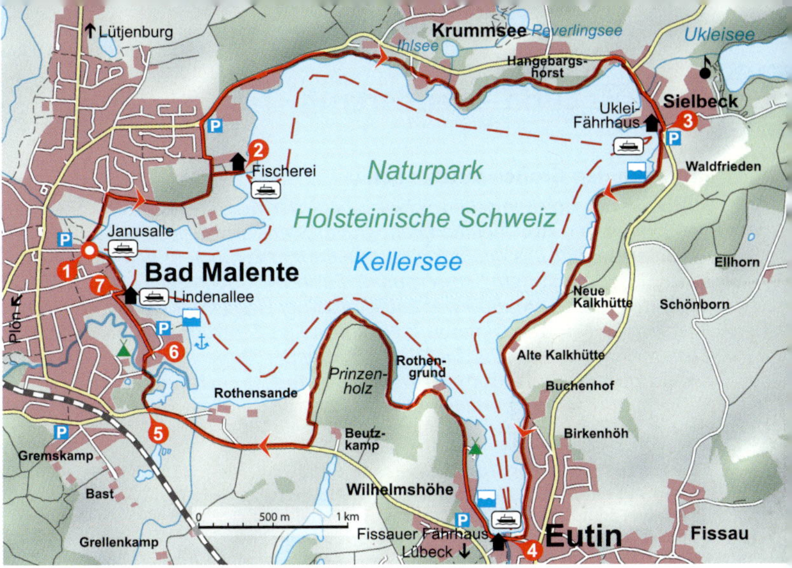

Vom Uklei-Fährhaus führt der Weg durch die Wälder oberhalb des Steilufers zum Schiffsanleger am Restaurant **Fissauer Fährhaus** ❹, das in der Südbucht an der Einmündung der Schwentine liegt. Wer mit dem Schiff zur Janusallee zurückfahren will, hat hier ein letztes Mal Gelegenheit dazu. Der Kellersee-Rundweg führt auf dem Prinzenholzweg weiter am bewaldeten Ufer entlang, muss dann jedoch das Hofgut Rothensande umgehen und wird dabei vorübergehend auf den Rad- und Fußweg neben der Straße gezwungen. Das Gut Rothensande (Führungen) ist als Kulisse der Immenhof-Filme aus den 1950er-Jahren bekannt, in Bad Malente erinnert ein Museum an seine cineastische Vergangenheit. An der ersten Kellerseebucht hinter dem Gutsgelände biegen wir rechts in den **Rothensander Weg** ❺ ein, überqueren die Schwentine, passieren die Abzweigung zum **Kellersee-Freibad** ❻ und gelangen schließlich zum **Anleger Lindenallee** ❼. Kurz darauf ist der Ausgangspunkt an der **Janusallee** ❶ wieder erreicht.

Die Kellerseebucht mit dem Schiffsanleger am Uklei-Fährhaus.

↗ 30 m | ↘ 30 m | 8.9 km
2.15 h

47 Schloss Eutin – Redderkrug

Rund um den Großen Eutiner See

Mitten in der Holsteinischen Schweiz liegt der waldumsäumte Große Eutiner See mit den zwei kleinen Eilanden Fasanen- und Liebesinsel. An seinem Ostufer erwartet uns das barockisierte Eutiner Schloss, in dem das Ostholstein-Museum mit dem Schwerpunkt »Eutin zur Goethezeit« untergebracht ist. In den Jahren um 1800 war Eutin unter der Herrschaft des Herzogs Peter Friedrich Ludwig von Oldenburg ein kulturelles Zentrum mit überregionaler Ausstrahlung. Zahlreiche Dichter und Künstler kamen an den Eutiner See. Der Komponist Carl Maria von Weber musste nicht extra anreisen: Er wurde 1786 in Eutin geboren und wird in der Stadt noch heute auf vielfache Weise geehrt.

Ausgangspunkt: Schloss Eutin (35 m), Zufahrt auf dem Jungfernstieg und geradeaus zum Parkplatz hinter dem Schloss (Navi: Schlossplatz, 23701 Eutin).
ÖPNV: Bahn- und Busbahnhof Eutin sind 7 Gehminuten entfernt; der Straße vor dem Bahnhof nach links folgen, nach 200 m der Plöner Straße nach rechts und nach 5 Min. der Straße Am Rosengarten nach rechts auf das Schloss zu und links zum Ausgangspunkt.
Anforderungen: Leichte Seeufer- und Waldwanderung auf gepflegten Wegen.
Markierung: Zwischen WP 3 und 4 E1 und E6 (X).
Einkehr: Eutin.
Karte: Wander- und Freizeitkarte 1:25.000 Holsteinische Schweiz (LVGeoSH).
Variante: Mit den fahrplanmäßig verkehrenden Schiffen der Eutiner Seerundfahrt lässt sich die Wanderung am Anleger Redderkrug halbieren, www.eutinerseerundfahrt.de.

Vom Parkplatz auf der Uferseite nördlich des **Eutiner Schlosses** ❶ folgt der Seerundweg im Uhrzeigersinn links der Seepromenade, an der die kurzen Abstecher zum historischen Markt, zum Wasserturm und weiteren Sehenswürdigkeiten ausgeschildert sind, zur **Anlegestelle Stadtbucht** ❷ der Eutiner Seerundfahrt am Haus des Gastes, wo sich ein schöner Blick zurück zum Schloss bietet. Auf einem Fels unweit des Ufers ist eine Skulptur von Karlheinz Goedtke zu bestaunen, die den Spitznamen »Eutiner Meerjungfrau« trägt und die von Möwen gerne als Landeplatz zweckentfremdet

Die »Eutiner Meerjungfrau« in der Stadtbucht von Eutin heißt eigentlich »Die Schauende«.

wird. Vor den Uferwäldern des Seeparks leitet die Seepromenade weiter zum Jachthafen des Ostholsteiner Segelvereins und erreicht dann die **Bebensundbrücke ❸**, wo sich ein guter Blick auf die von der Schwentine durchflossene Fissauer Bucht des Sees auftut; vor der Brücke nimmt der Seerundweg die Europäischen Fernwanderwege 1 und 6 auf.

Nach Überqueren der Bebensundbrücke taucht der Rundwanderweg in den Seescharwald ein und führt durch Laubwälder zur **Ostbucht ❹** mit den reetgedeckten Häusern der Schäferei. Hier verlassen die Fernwanderwege den Großen Eutiner See und ziehen zum Bungsberg weiter, während der Seerundweg an der Schutzhütte südwärts abknickt, dem Seeufer treu bleibt und wenig später das ehemalige **Hotel Redderkrug ❺** mit einem weiteren Anleger der Seerundfahrt erreicht. Weiter geht es auf dem Uferweg. Kurz vor Erreichen von Eutin bietet sich ein schöner Blick auf die beiden Inseln im Großen Eutiner See: die Liebesinsel und die größere Fasaneninsel. Zuletzt führt der Seerundweg in den **Schlossgarten ❻** mit der Freilichtbühne. Der Schlossgarten ist ein Landschaftspark im Stil englischer Gärten und steht als Gartenkunstwerk unter Denkmalschutz. Auf der Freilichtbühne am See werden zu Ehren des berühmtesten Sohnes der Stadt, des Komponisten Carl Maria von Weber, alljährlich Opernfestspiele veranstaltet.

Am Ende des Schlossgartens erreicht der Seerundweg wieder den Ausgangspunkt am **Eutiner Schloss ❶**.

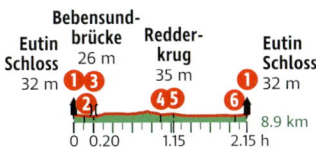

48 Ukleisee – Jagdschloss

↗ 40 m | ↘ 40 m | 3.9 km
1.15 h

Naturerlebnispfad am sagenumwobenen Ukleisee

Der in den Wäldern der Holsteinischen Schweiz versteckte Ukleisee mit dem gleichnamigen Jagdschloss begeisterte schon um 1800 Eutins berühmte Besucher. Ein Naturerlebnispfad führt rund um das malerische Kleinod.

Ausgangspunkt: Parkplatz Waldspielplatz (45 m) im Eutiner Ortsteil Sielbeck (Zum Ukleisee, 23701 Eutin).
ÖPNV: Bahn bis Malente, dann ab Anleger Janusallee per Schiff nach Sielbeck-Uklei (nicht täglich), www.5-seen-fahrt.de. Alternativ mehrmals täglich Buslinien 5506/5507 von Malente Bahnhof nach »Sielbeck, Zum Ukleisee«, www.dbregiobus-nord.de. Vom Fährhaus der vom See wegführenden Straße »Zum Ukleisee« 5 Min. zum Ausgangspunkt folgen.
Anforderungen: Leichte Waldwanderung auf gepflegten Wegen.
Einkehr: Fährhaus Uklei, sonntags Gasthaus Forsthaus (100 m von WP 5 entfernt).
Karte: Wander- und Freizeitkarte 1:25.000 Holsteinische Schweiz (LVGeoSH).

Vom **Parkplatz Waldspielplatz** ❶ geht es auf der Zufahrt kurz zurück, auf dem ersten Waldweg nach rechts und gleich wieder links am Ufer der verlandeten Südbucht des Ukleisees entlang. Bald nach dem ersten Rechtsbogen des Wegs öffnet sich der Blick auf den von bewaldeten Hügeln eingefassten Toteissee, der in Zeiten von Empfindsamkeit und Romantik naturschwärmerische Begeisterung auslöste. Wilhelm von Humboldt, Johann Heinrich Voß, Carl Maria von Weber und viele andere Gäste des Eutiner Hofs ergötzten sich an diesem »Lustort« und gaben sich Wallungen hin, die Humboldt als »göttlich« bezeichnete. Einer Sage zufolge war der Ukleisee ursprünglich eine Waldwiese, auf der eine Nymphe tanzte; als der Ritter, der ihr Herz erobert hatte, ihr untreu wurde, entstand aus den Tränen der Nymphe der See.

Von der weißen **Anglerbrücke** ❷, auf der Sitzbänke zu aussichtsreicher Rast einladen, führen Stufen hinauf zum barocken **Jagdschloss Ukleisee** ❸. Die malerische Landschaft, die idealisierten Landschaftsbildern gleichkam, inspirierte Fürstbischof Friedrich August, sich von seinem Eutiner Hofbaumeister Georg Greggenhofer 1776 auf dem höchsten Punkt zwischen Uklei- und Kellersee ein »Lusthaus« errichten zu lassen. Die Gebäudevorderseite war dem Kellersee und der ländlichen Szenerie um das Dorf Sielbeck zugewandt; dieser Blick ist heute verbaut, sodass der Ukleiseeblick auf der Rückseite des Jagdschlosses die sehens-

Unter alten Laubbäumen kann man am Ukleisee träumen wie vor 200 Jahren.

wertere Perspektive darstellt. Um das kleine Schloss herum wurde ein »Lustgehölz« zum Lustwandeln angelegt, im Sommer bildet das Schloss einen stimmungsvollen Rahmen für klassische Konzerte.
Von der Vorderseite des Schlosses führt eine Lindenreihe nordwärts den Hügel hinab zur Brücke über einen Bach, der vom Ukleisee in den Kellersee fließt. Von der Holzbrücke folgt der Weg dem Bachlauf rechts zurück zum Ukleisee, an dessen Ufer sich der Naturerlebnispfad in den bewaldeten Steilhängen über dem Nordufer fortsetzt. An der **Ostbucht** ❹ schwenkt der Weg wieder in Richtung Ausgangspunkt ein. Wer mittlerweile verzweifelt ist, dass der See außer am Jagdschlösschen meist nur ausschnittsweise zwischen den Bäumen hindurch zu sehen ist, rufe sich die Verse des Lübecker Dichters Emanuel Geibel in Erinnerung: »Von Hügeln dicht umschlossen, geheimnisvoll/ Verhüllt in Waldnacht, dämmert der Ukleisee,/ Ein dunkles Auge, das zur Sonne/ Nur um die Stunde des Mittags aufblickt.«
Geruhsam führt der Spazierweg am **Abzweig zum Forsthaus am Ukleisee** ❺ vorbei zurück zum Ausgangspunkt am **Waldspielplatz** ❶.

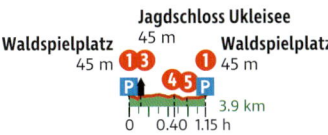

↗ 160 m | ↘ 160 m | 16.3 km

49 Kasseedorf – Schönwalde – Bungsberg
4.00 h

Auf Schleswig-Holsteins höchsten Berg

Der laubwaldbestandene Bungsberg ist mit 167 Metern Schleswig-Holsteins höchster Berg. Die Galerie, die den Fernmeldeturm am Gipfel in 42 Meter Höhe umgibt, ist der Aussichtspunkt mit dem weitesten Panorama an der schleswig-holsteinischen Ostseeküste, allein die grandiose Rundschau von Laboe bis zu den dänischen Inseln lohnt diese abgeschiedene Wanderung auf dem E 1. Im recht steil geflankten Hang der Moräne entspringen die Quellbäche der Schwentine, der Seele der Holsteinischen Schweiz, die nahezu alle namhaften Seen der Region durchfließt, ehe sie nach 60 Kilometer langem Lauf in die Kieler Förde mündet.

Ausgangspunkt: Naturhaus Eule (38 m), Informationszentrum des Naturschutzvereins Kasseedorf südlich von Kasseedorf mit Parkplatz (Navi: Zum Oberteich, 23717 Kasseedorf).
ÖPNV: Bushaltestelle »Kasseedorf-Ortsmitte« zwischen WP 1 und 10 mit der Sa./So. selten verkehrenden Linie 5508 von Eutin nach Oldenburg, www.rohdebus.de.

Anforderungen: Leichte Landwirtschafts- und Forstwege.
Markierung: Zwischen WP 1 und 7 Europäische Fernwanderwege E1 und E6 (X).
Einkehr: Schönwalde, Gipfelrestaurant »168 üNN« am Bungsberg (Do–So), Kasseedorf.
Karte: Wander- und Freizeitkarte 1:50.000 Blatt 10 Fehmarn/Lütjenburg (LVGeoSH).

Vom **Naturhaus Eule** ❶, in dessen Gebäude auch eine Wanderschutzhütte integriert ist, führt die X-Markierung des Europäischen Fernwanderwegs 1 über das renaturierte Gelände eines Kieswerks ins Naturschutzgebiet Kasseedorfer Teiche, dessen größter Teich der Oberteich ist, ein ehemaliger Baggersee rechts am Wegrand. Schließlich mündet der Wanderweg in den Glinder Weg, die für den öffentlichen Verkehr gesperrte Zufahrt zum **Gehöft Glinde** ❷; hier zweigt der E 1 links auf einen von Bäumen flankierten Feldweg ab, der in den Glinder Wald eintaucht und dahinter das Kirchdorf **Schönwalde am Bungsberg** ❸ erreicht. Auf dem Jahnweg geht es ortseinwärts, an der Durchgangsstraße links und in der Linkskurve rechts ab auf die Bergfelder Straße. An der Gabelung hält sich der Fernwanderweg rechts

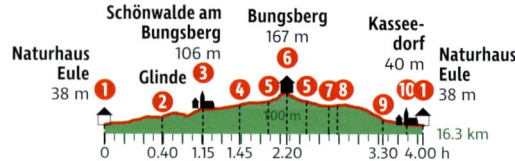

an den sandigen Fahrweg, an dem bald darauf eine Aussichtsplattform am Stiftungsland Bekmissen zu Rast und Vogelbeobachtung einlädt. Schließlich kreuzt der meist zwischen alten Laubbäumen verlaufende Wanderweg die **Landstraße** 4, schlängelt sich in Laubmischwäldern bergan, quert links versetzt die **Gipfelzufahrt** 5 und erreicht den Waldparkplatz auf dem Gipfel des **Bungsbergs** 6. Die Aussichtsgalerie auf dem Fernmeldeturm ist

Rastplatz am Stiftungsland Bekmissen.

bis ca. 17 Uhr geöffnet; Panoramatafeln benennen die Punkte im Blickfeld. Aus den Wäldern neben dem Fernmeldeturm spitzt der 1864 als Aussichtsturm errichtete Elisabethturm heraus und das Gipfelrestaurant »168 üNN« lädt zur Einkehr ein.

Auf dem Rückweg folgen wir erneut den X-Markierungen, diesmal aber biegen wir an der Kreuzung mit der **Gipfelzufahrt** ❺ rechts Richtung Eutin ab und gehen am Bungsberghof mit den höchstgelegenen Schwentine-Teichen vorbei. Die am Bungsberg entspringende Schwentine wird auch Bungsberg-Schwentine genannt, um sie von der bis 1652 als Hauptarm geltenden Alten Schwentine abzugrenzen, die bei Bornhöved entspringt und sich bei Preetz mit der Bungsberg-Schwentine vereinigt.

An der **Landstraße** ❼ verlassen wir den Fernwanderweg und folgen der Straße auf dem Rad- und Fußweg links (ostwärts) durch den Wald, bis rechts ein **Forstweg** ❽ abzweigt, der sich nach Kasseedorf hinabsenkt. Er führt zunächst durch das hügelige Waldgebiet Große Wildkoppel und mündet dann nach Verlassen des Waldes in die Hofzufahrt **Zum Vossberg** ❾, auf der wir links **Kasseedorf** ❿ erreichen. Dort geht es längs der Eutiner Straße, die einen separaten Fuß- und Radweg gut gebrauchen könnte, südwärts an der Bushaltestelle vorbei zum Ausgangspunkt am **Naturhaus Eule** ❶.

↗ 5 m | ↘ 5 m | 8.7 km

2.00 h

Heiligenhafen – Steinwarder – Graswarder

50

Rund um den Heiligenhafener Binnensee

Die Höhepunkte der Runde an der Haffküste des Ostseebads Heiligenhafen sind die Seebrücke, das Vogelschutzgebiet Graswarder und der Binnensee. Mit kleineren Kindern empfiehlt sich der Parkplatz an der Seebrücke (Wegpunkt 2) als Ausgangspunkt, denn von hier aus kann man entweder den Binnensee oder den Graswarder erkunden.

Ausgangspunkt: Strandparkplatz am Seepark Heiligenhafen (0 m) am Ende der Straße Steinwarder.
ÖPNV: Bushaltestellen »Wilhelmsplatz« und »Schlamerstraße« in Heiligenhafen südlich von Steinwarder (WP 5); Mo–Sa etwa stündlich, So. alle 2 Std., www.dbregiobus-nord.de. Vom Wilhelmplatz die Hafenstraße 300 m westwärts zu Parkplätzen, dort rechts in den Steinwarder und weiter ab WP 5.
Anforderungen: Leichte Uferwanderung auf gepflegten Wegen und am Spülsaum.
Einkehr: Viele Einkehrmöglichkeiten.
Karte: Wander- und Freizeitkarte 1:50.000 Blatt 10 Fehmarn/Lütjenburg (LVGeoSH).

Vor dem Parkplatz am **Seepark Heiligenhafen** ❶ erstrecken sich vor hohen Häusern die Strände des Ostseebads Heiligenhafen. Die Steinwarder Promenade folgt ihnen ostwärts mit Blick auf die Insel Fehmarn und den Bogen der Fehmarnsundbrücke, die seit 1963 als Teil der »Vogelfluglinie« genannten Verkehrsverbindung zwischen Kopenhagen und Hamburg den 1,3 km breiten Fehmarnsund überspannt. Wir erreichen die **Seebrücke** ❷, die im Zickzack 435 m weit aufs Meer hinausführt. Im mittleren Teil lädt eine Lounge zum Verweilen ein, an der Stirnseite schließt ein Badedeck die Brücke ab. Nach dem Besuch der Seebrücke geht es auf der Promenade ostwärts weiter an den Stränden entlang. Wo der für den öffentlichen Verkehr gesperrte **Graswarderweg** ❸ hereinwechselt, wandern wir am Strand weiter. Die als Naturschutzgebiet ausgewiesene Nehrungshalbinsel Graswarder war ursprünglich eine Insel (Warder); durch Sandverfrachtungen wuchs sie im Lauf der Jahrhunderte mit der Halbinsel Steinwarder zu einer Landzunge zusammen, wodurch der sogenannte Heiligenhafener Binnensee entstand, ein nur durch eine schmale Öffnung mit der offenen See verbundenes Haff. Da sich die Sandanlandungen fortsetzen, wachsen die Sandhaken und Strandwälle stetig weiter, zugleich bilden sich auf der Süd-

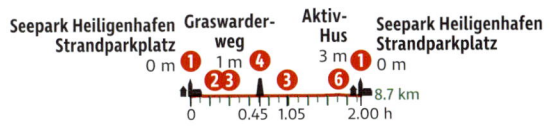

Surfer unternehmen auf dem Heiligenhafener Binnensee erste Stehversuche.

seite ausgedehnte Salzwiesenbiotope. Vom **Aussichtsturm** ❹ hinter den letzten Häusern lässt sich das Vogel- und Pflanzenleben rund um den See beobachten: Hier brüten Grau- und Brandgänse, Säbelschnäbler und Austernfischer. Auch der viereckige Leuchtturm Heiligenhafen im Südosten ist gut zu sehen.

Vom Aussichtsturm geht es an der Straße zurück, der sich die Fronten malerischer, zum Teil reetgedeckter Fachwerk- und Holzhäuser zuwenden. Wir passieren das Haus des Naturschutzbunds, der Führungen durch das Graswarder-Gebiet veranstaltet. Am Jachthafen Heiligenhafen biegen wir links ein und wandern aussichtsreich an den Anlegern vorbei. Hinter Steg 6 mündet der Kaiweg in die Straße **Steinwarder** ❺, die auf die sehenswerte Altstadt von Heiligenhafen zuführt (Abstecher), während wir vor den Parkplätzen rechts den Uferweg am Binnensee einschlagen. Die Binnensee-Promenade folgt dem parkartig gestalteten Ufer westwärts zum Ostsee-Ferienpark mit dem **Aktiv-Hus** ❻, in dem sich neben Saunalandschaft und Meerwasserschwimmbecken eine Kletterwand und weitere Freizeiteinrichtungen befinden.

Kurz bevor wir wieder den Ausgangspunkt erreichen, unternehmen wir noch einen kleinen Abstecher. Wir gehen linker Hand am Parkplatz vorbei und entlang der Eichholz-Wattenniederung, die vermutlich um 250–300 n. Chr. als Hafenplatz diente, um an Heiligenhafens **nördlichstem Strand** ❼ einen Blick auf die Heiligenhafener Steilküste und das weiß-rote Heiligenhafen-Warnfeuer zu werfen; das Leuchtfeuer im Besitz der Bundesmarine blitzt bei Schießbetrieb in Todendorf und Putlos. Von der Spitze führt die Promenade zurück zum nahen Ausgangspunkt am **Seepark Heiligenhafen** ❶.

↗ 5 m | ↘ 5 m | 12.6 km

3.00 h
✗

Wallnau – Flügger Leuchtturm – Püttsee

51

Wasservögel, Sandstrand, Leuchtturm-Panorama

Der Naturlehrpfad durch das Wasservogelreservat Wallnau in der ehemals größten Fischteichelandschaft Schleswig-Holsteins bietet eindrucksvolle Einblicke in das Vogelleben an der Vereinigung zweier Zuglinien auf der »Vogelfluginsel« Fehmarn. Auch der Blick vom Flügger Leuchtturm ist unvergesslich.

Ausgangspunkt: Wasservogelreservat Wallnau (1 m), Naturschutzzentrum am Ende der Straße mit Parkplatz (Navi: Wallnau, 23769 Fehmarn).
ÖPNV: Die Buslinie 5785 fährt von Burg »Niendorfer Platz« wenige Male am Tag wochentags nach »Wallnau Wasservogelreservat«.

Anforderungen: Leichte Wald- und Spülsaumwanderung.
Einkehr: Naturschutzzentrum, Flügger Leuchtturm (Mo. Ruhetag, am Wochenende ist mit Andrang zu rechnen).
Karte: Wander- und Freizeitkarte 1:50.000 Blatt 10 Fehmarn/Lütjenburg (LVGeoSH).

Das Gelände des **NABU-Wasservogelreservats** ❶ liegt gut geschützt und blicksicher eingezäunt an der Westküste Fehmarns. Frei zugänglich sind vom Parkplatz aus der Obstwiesen-Spielplatz, wo sich Kinder im »Seilzirkus« austoben können, und das NABU-Hauptgebäude mit Kassen, Ausstellungsräumen, Shop und Café. Rund 10 Euro kostet derzeit der Eintritt zum Reservat, das ein Rundweg mit 28 Erlebnisstationen erschließt (NABU-Mitglieder frei). Die Investition lohnt sich: Die Erkundungstour führt an reetgesäumten Teichen entlang, die ein bedeutendes Rast- und Nahrungsbiotop für die Zugvogelschwärme sind, deren in Nordeuropa und Sibirien beginnende Zuwege hier zusammentreffen. Englisch als »Hides« (auszusprechen wie Mister Hyde) ausgeschilderte Einrichtungen lassen sich in der Sprache Goethes und Heines als »Vogelbeobachtungshütten« beschreiben: In ihrem Halbdunkel bietet sich an Fensterklappen je nach Jahreszeit Blick auf nordische Gänse, Pfeif- und Bergenten, Raufußbussarde, Schneeammern und andere gefiederte Gäste, ohne dass diese durch ihr Publikum gestört werden. Wir begehen den Rundweg im Uhrzeigersinn und gelangen auf einem Waldweg zum 10 m hohen **Aussichtsturm** ❷ zwischen Wald und Feuchtwiesen.

Reiher vor einem »Hide«.

Nach der Besichtigung des Reservats folgen wir am **Parkplatz** ❶ kurz der Zufahrt, bis hinter der ersten Kurve links ein Weg über den begrünten Seedeich zum nahen Strand führt. Der Spülsaum gibt links (südwärts) die Route vor. Ursprünglich befand sich an dieser Stelle eine Meeresbucht, die im Lauf der Jahrhunderte durch Nehrungen von

Der als Naturschutzgebiet ausgewiesene Küstenstreifen von Wallnau.

der offenen See abgetrennt wurde. Mitte des 19. Jh. erhöhte man einen Strandwall zum Deich; das landseitig liegende Haff wurde mit Hilfe einer Windmühle entwässert und dann als Grünland genutzt. Die Sturmfluten von 1872 und 1874 ließen den kleinen Deich brechen, Dutzende Rinder und Schafe ertranken. Nachdem ein neuer, höherer Deich errichtet worden war, entstand an der Wende zum 20. Jh. auf dem Gebiet des ehemaligen Haffs eine Teichlandschaft mit der größten Karpfen- und Schleienzucht Schleswig-Holsteins. Die von Röhrichten gesäumten Teiche lockten Hunderttausende von Vögeln an, bald war die Wallnau als größte Wasservogeljagd Norddeutschlands bekannt. Als die Teichewirtschaft in den 1970er-Jahren zum Erliegen kam, kaufte der NABU das Gelände und sorgte dafür, dass das 297 ha große Gebiet einschließlich eines 300 m breiten Küstenstreifens 1977 als Naturschutzgebiet ausgewiesen wurde. Flankiert wird das Naturschutzgebiet von den Surfspots Bojendorf im Norden und Flügge im Süden. Am südlichen Ende des Wasservogelreservats liegt landeinwärts der Parkplatz vom **Strand Püttsee** ❸. An der Wasserlinie des lang gestreckten Naturstrandes geht es aussichtsreich südwärts. Vor Beginn des Zeltplatzes liegt wenige Meter hinter den wildrosenbestandenen Dünen der 2,5 m

hohe **Jimi Hendrix Memorial Stone** ❹: Der Rockmusiker gab 1970 am südlich anschließenden **Flügger Strand** ❺ sein letztes Konzert; zehn Tage später wurde der 27-Jährige in London tot aufgefunden.

Im Wasser befinden sich flache Sandbänke, die Stehtiefe reicht bis zu 25 m ins Wasser hinaus. Während die Besucherzahl auf Höhe des Campingplatzes in der Ferienzeit hoch ist, finden sich schon wenige Gehminuten weiter südlich idyllisch ruhige Dünen, zwischen denen man windgeschützt die Sonne genießen, die vorbeifahrenden Schiffe beobachten und dem leise wogenden Meer lauschen kann. An der Wasserlinie entlang geht es weiter zum **Flügger Leuchtturm** ❻, zu dem in der Feldflur ein schmaler Weg hinaufführt. 38 m hoch reckt sich der ockerfarbene Leuchtturm in den Himmel über Fehmarn und bietet ein hervorragendes Panorama der Insel sowie einen schönen Blick über den vorgelagerten Nehrungshaken Krummsteert und die Fehmarnsundbrücke hinweg zum Leuchtturm Staberhuk, nach Heiligenhafen und Großenbrode. Der achteckige Turm wurde 1916 in Betrieb genommen und 2009–11 generalsaniert, um es Gästen zu ermöglichen, die 162 Stufen im höchsten Leuchtfeuer der Insel gefahrfrei zu erklimmen. Am Fuß des Leuchtturms befindet sich ein Hofcafé, zwischen dem Leuchtturm und der Ortschaft Flügge pendelt ein Pferdetaxi.

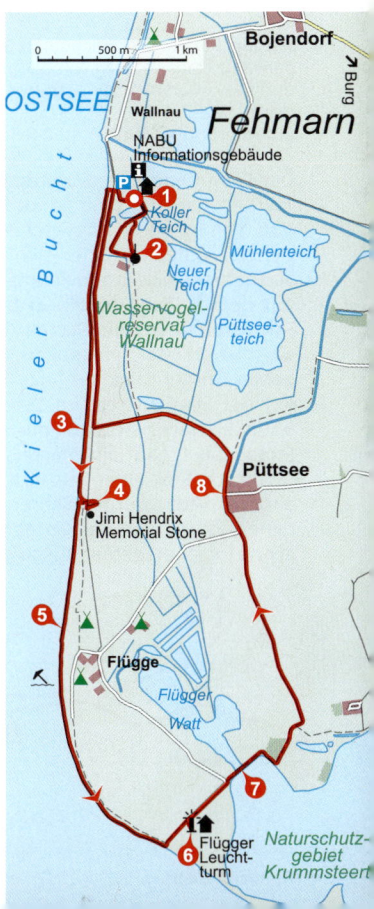

Vom Leuchtturm folgen wir dem Graspfad auf dem parallel zur Leuchtturm-Zufahrt verlaufenden Deich mit Blick auf die Fehmarnsundbrücke. In der Linkskurve der Zufahrt wechselt der Wanderweg rechts auf den aussichtsreichen **Damm** ❼ zwischen dem Naturschutzgebiet Krummsteert-Sulsdorfer Wiek und der weitflächig verlandeten Niederung Flügger Watt. Nach einer Rechtskurve verlässt er die Wiek nach links und zieht dann links durch die Feldflur zum Weiler **Püttsee** ❽. Dort geht es geradeaus, auf der Parkplatzzufahrt links zurück zum **Strand Püttsee** ❸ und am Deich entlang nordwärts zum Hauptgebäude des **Vogelreservats Wallnau** ❶.

↗ 5 m | ↘ 5 m | 14.4 km

52 Gammendorfer Strand – Markelsdorfer Huk

3.15 h

Zum Nordkap der Insel Fehmarn

Dünen, Sandstrände, Binnenseen und extensiv beweidetes Grünland mit Gehölzen wechseln sich ab in Fehmarns Norden, wo der Blick bis zu den dänischen Inseln Alsen, Ærø, Langeland und Lolland reicht. Das Landschaftsschutzgebiet Nördliche Seeniederung zwischen dem Gammendorfer Strand und dem Leuchtturm Westermarkelsdorf umfasst ehemalige Meeresbuchten, die 1872 durch den Deichbau von der Ostsee abgeschnitten wurden.

Ausgangspunkt: Gammendorfer Strandparkplatz (1 m) nördlich von Gammendorf (Navi: Gammendorf, 23769 Fehmarn).
Anforderungen: Seeufer- und Gehölzewanderung auf gepflegten Wegen.
Einkehr: Campingplätze.
Karte: Wander- und Freizeitkarte 1:50.000 Blatt 10 Fehmarn/Lütjenburg (LVGeoSH).

Der **Gammendorfer Strandparkplatz** ❶ befindet sich vor den Seedeichwäldern neben Strandmarkt und Coffeeshop des Campingplatzes Am Niobe. Von hier geht es zwischen Wald und Campingplatz hindurch auf den Deich, auf dessen Krone sich eine weite Aussicht auf den Gammendorfer Strand und – über den Fehmarnbelt hinweg – zur dänischen Insel Lolland mit dem Hafen Rødbyhavn bietet, welcher durch eine viel frequentierte Fährverbindung mit Puttgarden auf Fehmarn verbunden ist. Rechts ist auch das Niobe-Denkmal zu sehen, dahinter breitet sich das Naturschutzgebiet Grüner Brink aus (vgl. Tour 53).

Auf der aussichtsreichen Seedeichkrone führt der Weg westwärts. Landseitig erstreckt sich auf der gesamten Wegstrecke vom Gammendorfer Strand bis hinauf zur Markelsdorfer Huk mit dem Nördlichen Binnensee der große Rest einer Bucht, die 1872 durch den Deichbau von der Ostsee abgeschnitten wurde. Während die ebenfalls durch den Deichbau entstandenen Strandseen des Grünen Brink östlich des Gammendorfer Strandes als Naturschutzgebiet ausgewiesen sind, steht unser Uferabschnitt bisher

Blick von den Strandwiesen zur dänischen Insel Lolland.

nur unter Landschaftsschutz. Dadurch bleibt der Küstenabschnitt zwischen Puttgarden und Markelsdorfer Huk in seiner Gesamtheit zumindest bis auf Weiteres als Gebiet erhalten, das gleichberechtigt und ausgewogen der Landwirtschaft, dem Naturschutz und der Erholung dient.

Wir lassen den kleinen Wenkendorfer **Camping am Deich** ❷ hinter uns, es folgt der Altenteiler **Belt-Camping** ❸; hier wechseln wir an die Wasserlinie, um der Zufahrtsstraße zum am Außendeich gelegenen **Campingplatz Fehmarnbelt** ❹ zu entgehen. Hinter diesem letzten Campingplatz kann man wieder an den Rand des Nördlichen Binnensees wechseln, kurz darauf ist die **Markelsdorfer Huk** ❺ erreicht, das Nordkap von Fehmarn, wo nicht nur Angler gern in der Brandung stehen.

Von Fehmarns Nordspitze erstreckt sich der Strand südwestwärts, bis vor dem Salzensee (hinter dem Salzensee befindet sich ein FKK-Strand) ein sandiger Weg zum unter Denkmalschutz stehenden achteckigen Leuchtturm **Westermarkelsdorf** ❻ abzweigt. Von hier an gibt der Seedeich die Route zurück zum Ausgangspunkt am **Gammendorfer Strand** ❶ vor, wobei man nun ganz oder abschnittsweise die Strandroute bzw. die zwischen Deich und Strand verlaufenden Wege nutzen kann.

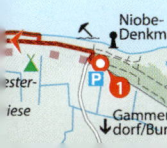

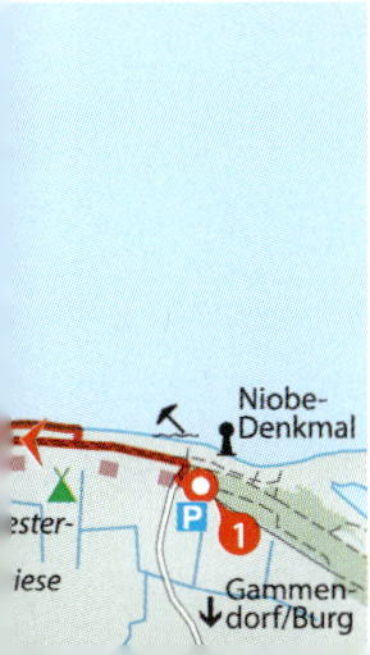

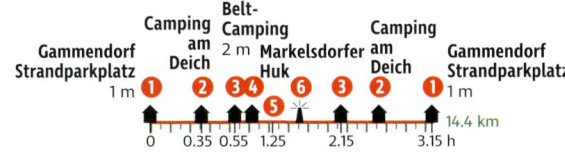

↗ 5 m | ↘ 5 m | 7.2 km
1.45 h

53 Gammendorfer Strand – Grüner Brink

Nehrungen, Lagunen und Wälder an der Nordküste Fehmarns

Das Naturschutzgebiet Grüner Brink begeistert durch ein Miteinander von Lagunen, Nehrungen und Salzwiesen sowie auf der Seedeichseite Wäldern und Heideflächen, hinzu kommt der Ausblick auf die dänischen Inseln. Das Begehen der Strandseite des Naturschutzgebiets ist vom 1. April bis zum 30. September verboten, weshalb die Wanderung relativ kurz ist; dennoch zählt sie zu den schönsten an der Schleswig-Holsteinischen Ostseeküste.

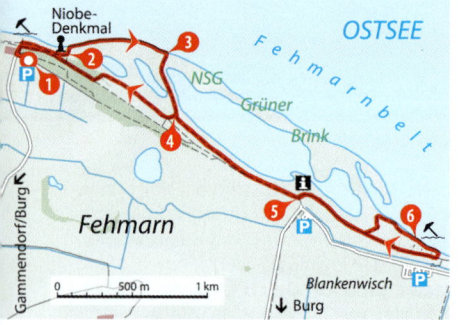

Ausgangspunkt: Gammendorfer Strandparkplatz (1 m) nördlich von Gammendorf (Navi: Gammendorf, 23769 Fehmarn).
Anforderungen: Leichte Seeufer- und Waldwanderung auf gepflegten Wegen.
Einkehr: Unterwegs keine.
Karte: Wander- und Freizeitkarte 1:50.000 Blatt 10 Fehmarn/Lütjenburg (LVGeoSH).

Auf dem Deich vor dem **Gammendorfer Strandparkplatz** ❶ bietet sich eine weite Aussicht auf den Strand und über den Fehmarnbelt hinweg zur dänischen Insel Lolland; zwischen Puttgarden auf Fehmarn und Rødbyhavn auf Lolland fahren unermüdlich Schiffe. Nach Überqueren des Deichs geht es an der ersten Sandwegverzweigung rechts durch die Wiese zum **Niobe-Denkmal** ❷, das an den Untergang des Reichsmarine-Segelschulschiffs Niobe 1932 vor Fehmarn erinnert; 69 Seemänner kamen bei der Katastrophe ums Leben.
Vom Niobe-Denkmal sind es nur

Niobe-Denkmal am Gammendorfer Strand.

Große Lagune im Grünen Brink.

wenige Schritte zur Wasserlinie, die aussichtsreich rechts weiterführt, bis ein Schild und eine **Drahtabsperrung** ❸ das Weiterwandern vom 1. April bis zum 30. September aus Vogelschutzgründen verbieten. Der ganzjährig begehbare Wanderweg führt hier landeinwärts und zieht nahe der größten Brink-Lagune durch die paradiesische Landschaft des Naturschutzgebiets. Der Grüne Brink besteht aus einem 2,5 km langen und bis zu 180 m breiten Land- und Seeareal zwischen dem 1872 erbauten Deich und der Ostsee. Durch den Deichbau änderten sich die Strömungsverhältnisse und es bildeten sich Nehrungshaken, die im Lauf der Jahrzehnte verlandende Binnenseen umschlossen. Nur bei starkem Hochwasser fließt heute noch salziges Ostseewasser in diese Strandseen.

An der **Verzweigung** ❹ im Süden führt der Wanderweg links weiter; der Blick auf die große Lagune bleibt erhalten, während man von den Schiffen in der Ostsee nur noch die Brücken sieht. Bald geht der Wanderweg in einen breiteren Feldweg über, der kurz vor dem **Strandparkplatz Grüner Brink** ❺ links weiterführt, wenig später verlassen wir ihn links auf einem Pfad, der auf den **Badestrand Grüner Brink** ❻ hinausläuft.

Mangels eines alternativen Sommer-Wanderwegs folgen wir vom Ende des Strandes demselben naturschönen Weg zurück zur **Verzweigung** ❹, gehen dort aber geradeaus weiter durch eine abwechslungsreiche Landschaft mit Heideflächen, alten Birken, Strandseen und Wald. Schließlich taucht der Wanderweg in den Wald ein und mündet links in den Seedeichweg, der rechts zurück zum **Gammendorfer Strandparkplatz** ❶ führt.

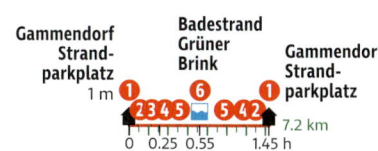

TOP 54 Staberhuk – Katharinenhof

↗ 60 m | ↘ 60 m | 12.4 km
3.00 h

Steilküste, Leuchtturm, Freilichtmuseum

Der expressionistische Maler Ernst Ludwig Kirchner mietete sich in den Sommermonaten 1912–1914 jeweils für mehrere Monate beim Leuchtturmwärter auf Staberhuk ein und verewigte das »irdische Paradies« im Südosten der Insel Fehmarn auf Gemälden, Tuschzeichnungen, Lithografien und in Holzschnitten. Fast ebenso malerisch sind die bewaldeten Steilufer beim Katharinenhof.

Ausgangspunkt: Strandparkplatz Staberhuk (4 m) am Ende der gleichnamigen Straße östlich von Staberdorf (Navi: Staberhuk, 23769 Fehmarn).
ÖPNV: Bus 5783 fährt von Burg »Niendorfer Platz« 3x täglich zur Haltestelle »Katharinenhof Wendeplatz« (WP 7).
Anforderungen: Leichte Seeufer- und Waldwanderung auf gepflegten Wegen.
Einkehr: Waldpavillon Katharinenhof, Museumshof Katharinenhof.
Karte: Wander- und Freizeitkarte 1:50.000 Blatt 10 Fehmarn/Lütjenburg (LVGeoSH).
Variante: Verlängerung ab Staberhuk (WP 3) entlang der Südküste mit niedrigem Steilufer, hin und zurück denselben Weg (einfach bis Camping Südstrand mit Bistro 4,5 km).

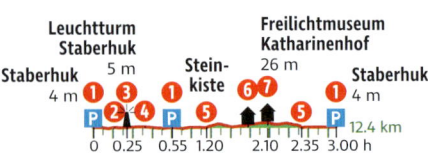

Leuchtturm Staberhuk.

Der **Parkplatz Staberhuk** ❶ liegt am Ende der gleichnamigen Stichstraße neben einem Bundeswehr-Gelände über der Steilküste östlich von Staberdorf auf Fehmarn. Vom Parkplatz geht es an den Sanitäranlagen vorbei Richtung Strand. Vor dem Strandabgang zweigt rechts der für Fahrräder ungeeignete Steilküstenpfad Richtung Leuchtturm ab. Durch Wälder und Wiesen folgt dieser herrliche Wanderpfad meist aussichtsreich der Steilküste, durch die kein gesicherter Abstieg zum Strand hinabführt. Ein Wechsel zwischen Strand und Steilküstenpfad erfolgt daher auf eigene Gefahr. Wenn der Steilküstenpfad den Wanderweg im **Osten des Staberholzes** ❷ aufnimmt, ist es nicht mehr weit bis zum Zaun rund um das Gelände des **Leuchtturms Staberhuk** ❸. Dort führt ein Pfad unter den Bäumen schräg links hinab und im Steilhang rechts zu Sitzbänken, von denen aus man den Blick weit über die Ostsee schweifen lassen kann, während man oberhalb am Zaun den besten Blick auf den 1903 erbauten Leuchtturm erhascht. Der älteste Leuchtturm auf Fehmarn markiert zusammen mit dem Leuchtturm Flügge an Fehmarns Westküste den Fahrweg im Fehmarnsund.

Nach der Rast zurück zum Wanderpfad am Zauneck: Der Pfad weitet sich zum Weg und führt zum Eingangstor des nicht öffentlich zugänglichen Leuchtturmgeländes. Die für den öffentlichen Verkehr gesperrte Zufahrt leitet zwischen Feldern landeinwärts zur Wegverzweigung im **Westen des Staberholzes** ❹, hier geht es rechts durch den Wald zurück zum **Ostrand des Staberholzes** ❷ und auf dem Steilküstenpfad weiter zum **Parkplatz Staberhuk** ❶, wo man vergeblich nach der Fortsetzung des Steilküstenpfads sucht. Wir steigen also hinab zum Strand, dem wir nordwärts zum **Steinkiste** ❺ genannten Küstenabschnitt folgen. Hier beginnen oberhalb die Wälder; hier befindet sich auch ein Strandabgang.

Wir aber folgen weiter dem Strand, über den die alten Buchen dachartig ihre Äste breiten. Im Norderholz genannten Waldstück lädt über der Steilküste das Restaurant **Waldpavillon Katharinenhof** ❻ zur Einkehr ein (in

Die Variante ab Wegpunkt 3 entlang der Südküste bei Staberhuk.

der Nebensaison telefonisch anfragen). Wir steigen hinauf, folgend der Zufahrt landeinwärts und biegen vor dem Campingplatz Katharinenhof, bei dem Reste von Großsteingräbern zu finden sind, links zum **Freilichtmuseum Katharinenhof** ❼ ein, das sich vor allem der Geschichte der Handwerkskunst auf der Insel Fehmarn widmet: Es gibt eine historische Buchdruckerei, Schmiede und Schreinerei, eine Töpferei mit altem Brennofen sowie eine Weberei mit einem Flachwebstuhl von 1648. Die Werkstätten

werden während der Sommersaison auf althergebrachte Weise betrieben. Hinzu kommt eine Rauchkate von 1520 sowie das Backhaus, in dem Steinofenbrot gebacken wird.

Am Straßenknick südlich des Museums führt ein Weg hinüber zum Küstenwald und dort rechts am Waldrand entlang zum südlichen Ansatz der **Steinkiste** ❺. Hier geht es hinab zum Strand und dort zurück zum Ausgangspunkt am **Parkplatz Staberhuk** ❶.

↗ 20 m | ↘ 20 m | 10.2 km
2.15 h
🚌 ✕ 👫

55 Dahme – Dahmeshöved

Wittenwiewerbarg, Leuchtturm Dahmeshöved und Dahmer Gehege

Das Ostseeheilbad Dahme liegt an einem 6 Kilometer langen Sandstrand, an dessen südlichem Ende der Leuchtturm Dameshöved thront, auf dem sich ein weiter Blick auf die Lübecker Bucht und die mecklenburgische Küste bietet.

Ausgangspunkt: Parkplatz Sprüttenhus (1 m) in der Straße »Am Deich« in Dahme (Navi: Am Deich 19, 23747 Dahme).
ÖPNV: Haltestelle »Dahme/Strandhotel« ziwschen Kurpark (WP 1) und Promenade (WP 3). Buslinie 5800 von Neustadt in Richtung Grube/Oldenburg. Von der Haltestelle der Seestraße 100 m zum Ende der Promenade (WP 3) und dort dem Strand rechts folgen.
Anforderungen: Aussichtsreiche Ufer- und Waldwanderung auf fast durchgehend bequemen Wegen.
Einkehr: Dahme, Café-Restaurant Vogelsang unweit der Route.
Karte: Wander- und Freizeitkarte 1:50.000 Blatt 10 Fehmarn/Lütjenburg (LVGeoSH)

In der Grünanlage am **Strandparkplatz Dahme** ❶ befindet sich ein kleiner Hügel mit Wall, den man für das Überbleibsel einer mittelalterlichen Turmhügelburg hält. Er trägt den Namen Wittenwiewerbarg, weil hier einst weiße Frauen gespukt haben sollen; 1964 wurde nebenan die Geroldskapelle geweiht.
Nach Queren der Straße Am Deich vor dem Strandparkplatz geht es auf einer Stufenanlage über den Seedeich und durch parkartiges Gelände geradeaus zur autofreien Strandpromenade, an der links vom Nystedplatz die **Dahmer Seebrücke** ❷ 205 m weit in die gischtende Ostsee hineinragt. Die ersten 45 m führen noch über Land und Strand, dann wandert man mit weitem Blick auf die Dahmer Strände, den Leuchtturm Dahmeshöved und die Lübecker Bucht übers Meer. Vom Kopf der Seebrücke starten von Ostern bis Oktober Fahrgastschiffe zu Rundfahrten auf der Ostsee sowie nach Grömitz, Travemünde und Boltenhagen. An der Strandpromenade nördlich der Seebrücke befindet sich das Sport- und Gesundheitszentrum Dahme mit Meerwasserschwimmbad, Sauna, Fitnessabteilung und Meersalzgrotte. Vom Nystedplatz an der Seebrücke folgen wir der aussichtsreichen Strandpromenade südwärts an den Badestränden entlang. Am Ende der **Promenade** ❸ gibt bei gutem Wetter der Strand die Route vor, bald am Fuß des zum Teil aufgemauerten Steilufers. Wer den Strand als zu steinig empfindet, kann am ersten Strandübergang auf die Leuchtturmstraße wechseln, die zwar nicht autofrei ist, doch

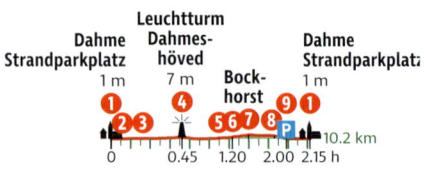

von vielen Spaziergängern und Familien mit Kinderwagen als Wanderweg zum Leuchtturm benutzt wird. Wir aber passieren am Strand die Jugendherberge oben auf dem Kliff und steigen erst am nächsten Strandübergang auf der Stufenanlage hinauf. An der Straße geht es links zum **Leuchtturm Dahmeshöved** ❹, einem 28,8 m hohen achteckigen Ziegelturm von 1878/79.

Blick von der Dahmer Seebrücke.

Während des Kalten Kriegs war er ein wichtiger Orientierungspunkt für Flüchtlinge aus der DDR. Er kann im Rahmen von Führungen erstiegen werden, die Aussichtsgalerie bietet ein schönes Küstenpanorama, westlich erstreckt sich mit dem Kellenhusener Wald das neben dem Glücksburger Wald größte Waldgebiet an der Ostseeküste Schleswig-Holsteins.

Kurz hinter dem Leuchtturm (links ist ein kleiner Kliffparkplatz) schwingt die nun autofreie Straße zunächst nach rechts, setzt sich dann links als Weg in der Feldflur fort und erreicht wieder die Steilküste, deren grüner Abbruchkante wir westwärts in Richtung Ostseebad Kellenhusen folgen. An der Verzweigung kurz vor **Kellenhusen** ❺ führt ein von Bäumen gesäumter Feldweg landeinwärts. Am Ende des Feldes vor den Häusern geht es rechts zum **Gehöft Bockhorst** ❻, dort links auf den Bockhorster Weg

(geradeaus ist das nahe Café-Restaurant Vogelsang ausgeschildert), am Ende kurz rechts und dann auf der Straße Torfredder schräg links in die Wälder des Dahmer Geheges. An der ersten **Verzweigung** ❼ biegt rechts ein Waldweg ab, der uns in seinem Verlauf an einem **Kinderspielplatz** ❽ vorbeiführt und am Waldende links haltend den **Parkplatz an der Waldstraße** ❾ erreicht. Wir folgen der Waldstraße kurz nach rechts, bis uns der Fußweg Paasch-Eyler-Allee schräg links an der Stephanus-Kirche vorbei zum **Kurpark** ❿ weiterleitet.

Die Paasch-Eyler-Allee endet nördlich des Kurparks am Dahmer Denkmalplatz. Von dort geht es auf der Strandstraße rechts zurück zum Seedeich, auf dessen Krone uns eine Promenade nordwärts zur Stufenanlage am **Dahmer Strandparkplatz** ❶ zurückführt.

56 Kellenhusen – Klosterseeschleuse

↗ 20 m | ↘ 20 m | 10.3 km
2.15 h
🚌 ✕ 👥

Wald und Wellen an der Lübecker Bucht

Das Ostseebad Kellenhusen liegt an der Küste Wagriens vor der Lübecker Bucht. Im Kellenhusener Wald, einem der größten Waldgebiete an der Ostseeküste Schleswig-Holsteins, standen bis vor wenigen Jahren vier der berühmtesten Bäume des Landes; am Stamm der vom Sturm geworfenen Kroneiche führt unsere Strand- und Waldwanderung vorbei.

Ausgangspunkt: Strandparkplatz (2 m) in Kellenhusen (Navi: Deichstraße, 23746 Kellenhusen).
ÖPNV: Haltestelle »Kellenhusen (ZOB)« der Buslinie 5800 von Neustadt Richtung Oldenburg, 5 Gehminuten landeinwärts und 100 m von der Tour entfernt (zwischen WP 6 und 1).

Anforderungen: Ufer- und Waldwanderung auf meist bequemen Wegen.
Markierung: Großteils Wander-/Nordic Walking-Rundkurs Klostersee-Route.
Einkehr: Kellenhusen, Hof Klostersee.
Karte: Wander- und Freizeitkarte 1:50.000 Blatt 10 Fehmarn/Lütjenburg (LVGeoSH).

Vom **Strandparkplatz des Ostseebads Kellenhusen** ❶ geht es hinaus zur nahen **Seebrücke** ❷, die sich 305 m weit über den Strand hinweg hinaus auf die Ostsee spannt. Auf der Seebrücke befinden sich drei »Themeninseln«: rechtsseitig auf halber Strecke eine zum Sonnenbaden und Relaxen, gegenüber die Wasserspaß-Insel und ganz an der Spitze der Brückenkopf

Die Seebrücke von Kellenhusen.

mit Aussichtsplattform. Vom Ansatz der Seebrücke folgt der Wander- und Nordic-Walking-Rundkurs »Klosterseeroute« der Strandpromenade an den Badestränden entlang nach Süden, Alternative zur Promenade ist die Wasserlinie am Strand. Am Hundestrand endet die Promenade, doch auch in der Folge kann man auf einem Weg oberhalb der Wasserlinie wandern. Kurz nach Passieren einer Kanalmündung erreichen wir bei Sanitäranlagen den Weg zur **Klosterseeschleuse** ❸, die landeinwärts hinter dem Seedeich liegt. Von dort folgen wir dem Wirtschaftsweg Klosterseeweg am Kanal entlang. An einer Kanalbrücke biegt der Klosterseeweg rechts in die Feldflur ein und zieht in Richtung Kellenhusener Wald, dann geht es rechts zum **Hof Klostersee** ❹, wo ein Hofcafé zur Einkehr einlädt. Ehe der Klosterseeweg hinter dem Hof in den Wald eintaucht, zweigt rechts ein Waldweg ab, der uns zum Kroneichenweg führt. Dort geht es noch einmal rechts zur **Kroneiche** ❺, die, bis sie vor wenigen Jahren vom Sturm geworfen wurde, einer der ältesten Bäume Schleswig-Holsteins war. Am Wegrand ist noch der mächtige Stamm des Baumes zu bewundern, dessen Name nicht auf die einstige Baumkrone, sondern auf die Kraniche zurückgeht, die auf den mächtigen Ästen zu rasten pflegten.

An der Verzweigung bei der Kroneiche führt die Nordic-Walking-Route auf einem Waldweg links weiter durch den Wald, stets geradeaus die Richtung haltend zum **Waldrand** ❻, dort kurz links weiter und dann auf dem ersten rechts abzweigenden Weg unter Bäumen hindurch nach Kellenhusen. Am Ortsrand auf der Kirschenallee nach rechts, bis links die schmale Straße Am Wintershof abzweigt. Sie geht nach wenigen Metern (wir halten uns links) in den Birkenweg über, der uns zurück zum **Strandparkplatz** ❶ zwischen der Deichstraße und der Strandpromenade bei der Seebrücke führt.

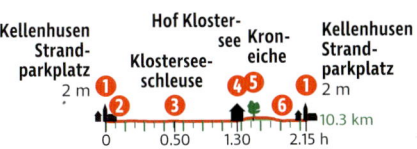

↗ 45 m | ↘ 45 m | 16.3 km

57 Cismar – Lensterstrand – Grömitz

3.45 h

🚌 ✕ 🚻

Auf dem Jakobsweg vom Kloster Cismar ins Seebad Grömitz

Vom Kloster Cismar führt der Jakobsweg zum Kletterpark Kraxelmaxel an den Badestränden von Lensterstrand, wo der einzige Aussichtsturm steht, den man per Rutsche verlassen kann, zur Seebrücke Grömitz und zur Kirche nahe des Zoos Arche Noah. In Cismar, Lensterstrand und Grömitz wartet die Wanderung mit Verweilpunkten auf. Wer die Runde zu Fuß schließen möchte, folgt einer Nordic-Walking-Route, die in der Feldflur oftmals Asphaltwege nutzt.

Ausgangspunkt: Kloster Cismar (6 m) an der B501 in Grömitz (Navi: Bäderstraße 36, 23743 Grömitz).
ÖPNV: Haltestellen »Cismar/Klosterkrug« zwischen Haus der Natur (WP 7) und Kloster (WP 1) sowie »Grömitz, Markt«, beide mit Buslinie 5800 von Neustadt Richtung Oldenburg/Grube (alle 1–2 Std.), www.dbregiobus-nord.de. Rückfahrmöglichkeit nach 9,5 km ab Grömitz (WP 4) mit dem Bus.
Anforderungen: Aussichtsreiche Wiesen-, Strand und Waldwanderung auf fast durchgehend bequemen Wegen. Der Linienbus 5800, der zwischen Grömitz/Markt und Cismar verkehrt, ermöglicht die Halbierung der Wegstrecke.
Markierung: Zwischen WP 1 und 4 Pilgerweg Via Scandinavica (stilisierte Jakobsmuschel).
Einkehr: Cismar, Lensterstrand, Grömitz.
Karte: Wander- und Freizeitkarte 1:50.000 Blatt 10 Fehmarn/Lütjenburg und Wander- und Freizeitkarte 1:50.000 Blatt 11 Lübeck/ Neustadt (LVGeoSH).

Das im Kern mittelalterliche Klosterdorf Cismar ist nach jener in Lübeck die größte Klosteranlage Schleswig-Holsteins und ein Glanzpunkt der Backsteinarchitektur. Es umfasst eine Außenstelle der Schleswig-Holsteinischen Landesmuseen und ein Künstlerdorf: In den Gebäuden leben Maler, Schriftsteller, Bildhauer und Kunsthandwerker; es gibt Galerien, Ateliers, Werkstätten und Räume für Veranstaltungen wie Kammerkonzerte und Lesungen.

Am Parkplatz vor dem **Kloster Cismar** ❶ informiert eine Tafel über den Verlauf des Naturlehrpfads, der anfangs die Route vorgibt und dem Parkweg längs des teichartigen Klostergrabens auf der Südseite der Anlage folgt. An der Holzbrücke vor der Wiese am Ende des Klostergrabens weist das Jakobsweg-Schild der Via Scandinavica rechts den Weg Richtung Lenster-

strand. Auf einem Pfad durchqueren wir eine Wiese; kurz vor Erreichen der Straße Am Heller zweigen wir links auf den Feldweg ab, der am Rand des Waldgebiets Wildkoppel auf die Küste zu führt. Wo er im Süden das Waldgebiet verlässt, lädt eine Sitzgruppe zur Rast ein. Anschließend gehen wir südwärts durch das Wiesenland zur Verzweigung bei Lenste und hier

Der von 1250 an gestaltete gotische Altarschrein in der Kirche des Klosters Cismar ist der älteste bekannte Schnitzaltar.

geradeaus zwischen Campingplätzen hindurch zum **Lensterstrand** ❷. Wir folgen der Küste nach rechts und entdecken eine Strandlandschaft, die 2011 vollkommen neu gestaltet wurde. Am Promenadenweg erwarten uns neben dem Hochseilpark Kraxelmaxel ein Minigolfplatz in den Dünen, ein mehrstöckiger Aussichtsturm mit Rutsche, möblierte Lounge-Areale, eine Außenstelle des Tourismus-Service, Grillzonen, Spielplätze und barrierefreie Deichübergänge.

Jenseits der Erlebnis-Promenade geben die Wasserlinie bzw. die oberhalb verlaufenden Wege den Verlauf unserer Route bis zur **Seebrücke Grömitz** ❸ vor. An der Spitze der 398 m langen hölzernen Brücke befindet sich eine Tauchgondel. Kurz nach Passieren der Seebrücke zweigt am Erlebnisbad Grömitzer Welle die Strandallee ortseinwärts zum Kurpark ab, an dessen nördlichem Ende die **Nicolai-Kirche** ❹ aus dem 12. Jh. steht.

Bis hierher haben uns die Pilgerweg-Schilder der Via Scandinavica gut den Weg gewiesen, nun muss man sich ein wenig selbst orientieren. Auf der Kirchenstraße geht es nordwärts zum Markt, wo der Bus nach Cismar abfährt und rechts die Mühlenstraße zum Zoo Arche Noah hinüberleitet. Wir aber gehen an der Ampel halb links die Neustädter Straße hinauf, von der schon bald rechts der Nienhagener Weg abzweigt. Mit diesem queren wir die B 501, nehmen dann halb rechts die Triftstraße und in der ersten Kurve den Feldweg geradeaus, an dem Schilder der Nordic-Walking-Route 4 »Kleine Holzkoppel-Runde« die Route bis zur Verzweigung bei **Sandberg** ❺ vorgeben. Hier führt uns die Höfezufahrt Sandberg rechts zum Niehof und weiter zur Bushaltestelle in **Stadtfurth** ❻, an der es rechts in Richtung Wald weitergeht. Vor dem Gehöft Lensterbek zweigt links ein beschilderter Weg zum **Haus der Natur** ❼ in Cismar ab, ein Naturmuseum mit dem Schwerpunkt Muscheln und Schnecken. Von dort erreichen wir auf der Bäderstraße in wenigen Gehminuten den Ausgangspunkt am **Kloster Cismar** ❶.

↗ 35 m | ↘ 40 m | 11.8 km

2.45 h
🚌 🍴 👫

Travemünde – Niendorf 58

Am Brodtener Ufer über Niendorf zum Hemmelsdorfer See

Das Brodtener Ufer ist eine eindrucksvolle Kliffküste mit traumhaftem Blick auf die Lübecker Bucht. Bis zu 20 Meter ragt es unverbaut zwischen Travemünde und Niendorf auf, einziges Gebäude ist das an der Kliffkante gelegene Ausflugsrestaurant Hermannshöhe. Mit mehr als 2500 Brutröhren beherbergt das Brodtener Ufer eine große Uferschwalbenkolonie, die Flachwasserzone ist Rast- und Überwinterungsgebiet für Wasservögel. Während der Travemünder Woche, der nach der Kieler Woche zweitgrößten Regattaserie der Welt, fungiert das Brodtener Ufer als Aussichtsbalkon zur Beobachtung der hochkarätigen Sportveranstaltungen vor der Mündung der Trave.

Ausgangspunkt: Strandbahnhof Travemünde (6 m) mit (gebührenpflichtigem) Parkplatz (Navi: Am Kurgarten, 23570 Travemünde).
Endpunkt: Bushaltestelle »Niendorf-Hafen« (1 m) an der Strandstraße in Niendorf. Parken länger als 4 Std. schwierig, möglich z. B. bei P3 (gratis) 1 km westlich von Niendorf, gut erreichbar auf dem Radweg vom Hermann-Löns-Blick (WP 11) (Navi: Wiesenweg, 23669 Timmendorfer Strand).
ÖPNV: Bahnhof Travemünde-Strand (WP 1) mit stündlichen Verbindungen von/nach Bushaltestelle »Niendorf-Hafen« (WP 9) mit Linie 40 (stündlich) Richtung Lübeck und Scharbeutz, www.sv-luebeck.de.
Anforderungen: Aussichtsreiche Ufer- und Waldwanderung auf fast durchgehend bequemen Wegen.
Einkehr: Travemünde, Hermannshöhe, Niendorf.
Karte: Wander- und Freizeitkarte 1:50.000 Blatt 11 Lübeck/Neustadt (LV-GeoSH).

Travemünde ist seit 1802 nach Heiligendamm (1797) und Norderney (1800) Deutschlands drittältestes Seebad. Vom **Endbahnhof Lübeck-Travemünde Strand** ❶ am Kurgarten geht es auf der Bertlingstraße hinab zum Rondell an der nach kompletter Umgestaltung 2012 neu eröffneten Strandpromenade. Rechts liegt der Travemünder Leuchtturm, der als ältester an der Ostseeküste unter Denkmalschutz steht. Während das Leuchtfeuer 1974 auf das 118 m hohe Dach des Maritim-Hochhauses verlegt und damit zum höchstgelegenen Leuchtfeuer der Welt wurde, zog das Schifffahrtszeichen-Museum in das alte Gemäuer. Am Nordermolenstrand vor dem Maritim befindet sich die Ostseelounge mit Blick auf den Schiffsverkehr vor der Travemündung.

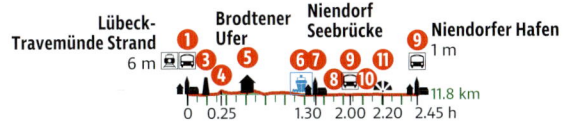

Die **Strandpromenade** ❷ führt links an Einkehrmöglichkeiten, dem Promenadensteg, dem Hundebadesteg und der neuen Seebrücke vorbei zum **DLRG-Turm** ❸ am Beginn des Grünstrands. Dann geht es unterhalb des 15.000 m² großen Geländes der ehemaligen Mövensteinbadeanstalt entlang. Das Gelände ist nach dem Mövenstein benannt, einem Findling, der rechter Hand in der Ostsee liegt. Sein Name geht auf die Sage vom Riesen Möwes zurück, der die Schiffer mit Steinwürfen drangsaliert haben soll; Thomas Mann hat ihn als »Möwenstein« in seinen »Buddenbrooks« literarisch verewigt. An den Sanitäranlagen vor dem Hundestrand verlassen wir die Wasserlinie und erreichen links versetzt einen Weg, der uns am von Buchenwäldern, Gehölzen und freier Feldflur geprägten **Brodtener Ufer** ❹ entlang führt. Im südlichen Teil des Hochufers sind die Abbruchprozesse zum Stillstand gekommen, am Steilhang hat sich eine dichte Vegetation aus Sanddorn, Zwergholunder, Malven und anderen Pflanzen gebildet. Schon bald aber beginnt die aktive Kliffzone, an der Jahr für Jahr neue Abbrüche entstehen, sodass sich nur wenige Pflanzenarten ansiedeln können. In exzellenter Aussichtslage über dem aktiven Steilufer lädt das »Erlebniscafé« **Hermannshöhe** ❺ am höchsten Punkt des Brodtener Ufers zur Einkehr ein. Ein mit Stufen versehener (aus Naturschutzgründen zeitweise gesperrter) Pfad führt zum Wasser, von wo aus sich die Steilküstenwand aus anderer Perspektive betrachten lässt: Zu beobachten sind die Einfluglöcher der Brutröhren einer der größten Uferschwalbenkolonien

Kliffküsten wie das Brodtener Ufer bieten stets weiten Blick auf die Ostsee.

Europas. Vorsicht ist beim Wandern auf dem zum Teil nur wenige Meter breiten Strand am Fuß des Brodtener Ufers geboten: Bei starkem Ostwind besteht die Gefahr, dass Wasser Strandwanderer einschließt.

Von der Hermannshöhe folgt der Weg dem Steilufer aussichtsreich zum Ostseebad Niendorf, wo gleich hinter dem **Schiffsanleger** ❻ am Meerwasserbad die Kurpromenade beginnt. Sie führt an den Stränden entlang zur **Seebrücke** ❼ und zum **Niendorfer Hafen** ❽ an der Mündung der Aalbeek. Am Hafeneck befindet sich an der Strandstraße die **Bushaltestelle** ❾, wir aber folgen zunächst der Strandstraße rechts hinauf zur Hafenstraße, in die wir links einbiegen. Am Südende des Großparkplatzes jenseits der Bundesstraße überqueren wir auf einer Stegbrücke die Aalbeek und kommen auf der autofreien Promenade An der Aalbeek rechts zum **Vogelpark Niendorf** ❿. Der Vogelpark in der Schilfzone der Aalbeek-Niederung beherbergt eine der größten Sammlungen lebender Eulen; zudem haben im natürlichen Sumpfgebiet der Niederung Kraniche, Wasservögel, Fasane und Greife eine Heimat gefunden. Vom Vogelpark führt der Weg weiter zum Austritt der Aalbeek aus dem Hemmelsdorfer See; an dieser Stelle bietet sich vom **Hermann-Löns-Blick** ⓫, einem 20 m hohen Aussichtsturm, ein herrlicher Blick über den See, der bis zu den Türmen von Lübeck reicht. Am Aussichtsturm überquert eine Fußgänger- und Radlerbrücke die Aalbeek, dahinter führt der erste Wanderweg rechts durch Wiesen zurück ins Ostseebad Niendorf. Auf der Strandstraße geht es rechts zur **Bushaltestelle** ❾ am **Niendorfer Hafen**, wo stündlich der Bus zurück zum Ausgangspunkt in Travemünde verkehrt.

59 Travemünde – Priwall

↗ 20 m | ↘ 20 m | 11.1 km
2.45 h

Badestrände und Naturoase an der Trave

Der Priwall ist eine Halbinsel an der Mündung der Trave in die Ostsee. Die breiten Sandstrände in seinem Norden sind die östlichsten Schleswig-Holsteins, im Süden zwischen der Trave und der Travebucht Pötenitzer Wiek befindet sich ein Naturschutzgebiet. Im Osten des Priwalls verläuft seit dem Lübecker Reichsfreiheitsbrief von 1226 die Grenze zu Mecklenburg.

Ausgangspunkt: Anleger der Priwallfähre (0 m) im Lübecker Stadtteil Travemünde mit (gebührenpflichtigem) Parkplatz Fährvorplatz (Navi: Auf dem Baggersand 1, 23570 Lübeck). Alternativ gibt es auch große Parkplätze nahe WP 8 (Navi: Trelleborgallee 2A, 23570 Lübeck).
ÖPNV: Der stündlich bediente Bahnhof »Lübeck-Travemünde Hafen« ist 7 Gehminuten entfernt. Vom Bahnhof südwärts über den »Hirtengang« in die Stadt, die Kurgartenstraße queren und entlang der Sankt-Lorenz-Straße zum Parkplatz (WP 1). Die Priwallfähre zwischen WP 1 und 2 verkehrt ganzjährig täglich alle 10–15 Minuten, die Norderfähre zwischen WP 6 und 8 ganzjährig und täglich bedarfsabhängig, www.sv-luebeck.de → Fähren. Die Priwallfähre transportiert auch Autos, die Norderfähre ist dagegen ausschließlich eine Personenfähre.
Anforderungen: Aussichtsreiche Ufer- und Waldwanderung auf fast durchgehend bequemen Wegen.
Einkehr: Zahlreiche Einkehrmöglichkeiten am Strandstreifen des Priwall und an der Strandpromenade.
Karte: Wander- und Freizeitkarte 1:50.000 Blatt 11 Lübeck/Neustadt (LV-GeoSH).

Der Anleger der **Priwallfähre** ❶ befindet sich an der Straße Vorderreihe bei der Lübschen Vogtei. Das 1551 errichtete Renaissance-Treppengiebelhaus im alten Ortskern von Travemünde diente jahrhundertelang als Sitz des Lübecker Vogts und war im 20. Jh. Polizeiwache; seit der Generalsanierung Anfang des 3. Jt. beherbergt es Wohnungen und verschiedene kleine Geschäfte. Die Priwallfähren über die hier 240 m breite Trave stellen seit dem 19. Jh. die schnellste und kürzeste Verbindung zwischen Travemünde und Mecklenburg her, Ende des Zweiten Weltkriegs retteten die kleinen Fähren Millionen Menschen, die vor der Roten Armee

Blick vom Priwall auf Travemünde.

flohen, das Leben. Die Fähren pendeln das ganze Jahr über, die Überfahrt dauert wenige Minuten. Am Anleger auf dem Priwall geht es kurz geradeaus und vor der Seniorenresidenz **Rosenhof** ❷ rechts auf einen schmalen Weg, der am Wasser südwärts führt. Hinter dem letzten Gebäudekomplex erreicht der Weg die Grenze des Naturschutzgebiets Südlicher Priwall. Durch die Unterschutzstellung sollen die ostseeküstentypischen Biotope erhalten bleiben als Rastgebiet für durchziehende Zugvögel.

Wir wandern rechts hinaus zum Ufer und folgen der Trave mit Blick auf den Skandinavienkai zum Rastplatz an der **südlichen Priwallspitze** ❸, wo sich der Blick auf die Travebucht Pötenitzer Wiek öffnet. In der Folge erkundet der Wanderweg – passagenweise auf Bohlen – die naturnahen Wälder in ihrem Uferbereich. An der ersten großen Verzweigung rechts ans Ufer, bis der Weg an einem Aussichtspunkt wieder waldeinwärts zieht. An einer T-Kreuzung lohnt bei klarer Sicht der kurze Abstecher rechts zu einem weiteren Aussichtspunkt am Wasser. Anschließend geht es in Gegenrichtung zur **Pferdekoppel** ❹, einer Weidefläche in der Mitte der Halbinsel, die ein beliebter Brutplatz für Schafstelze, Rotschenkel und Kiebitz ist; die Pferde

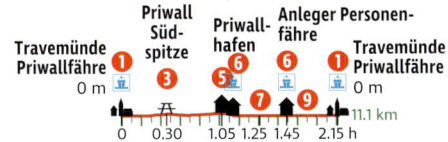

Norderfähre vor dem Hotel Maritim.

verhindern das Zuwachsen durch Kleingehölze. Am Reiterhof Travemünde-Priwall stoßen wir auf den Fliegerweg, der uns zur Mecklenburger Landstraße führt, dahinter geht es geradeaus durch ein Waldstück zum **Priwallhafen ❺** mit dem Windjammer Passat, dem Wahrzeichen von Travemünde. Die Passat fungiert als Museumsschiff und Veranstaltungszentrum. Die Viermast-Stahlbark lief 1911 vom Stapel und wurde im Frachtverkehr zwischen Europa und Südamerika eingesetzt. Sie umsegelte 39-mal das berüchtigte Kap Hoorn und umrundete 1932 und 1948 die Welt. Viermal gewann sie die prestigeträchtige Weizenregatta von Australien über Kap Hoorn nach Europa.

Noch ein Stück weiter seewärts befindet sich der **Anleger ❻** der Personenfähre Priwall IV. Von dort aus folgen wir der Wasserlinie rechts bis zum östlichsten Nudistenstrand Schleswig-Holsteins an der **Grenze zu Mecklenburg-Vorpommern ❼**. Hier saßen zu DDR-Zeiten die Grenzer hinter Stacheldraht und Selbstschussanlagen auf einem Wachturm.

Auf dem See- bzw. Dünenweg geht es zurück zum **Anleger ❻** der Personenfähre; im Sommerhalbjahr bringt das kleine Motorschiff Wanderer und Radler hinüber zum **Anleger an der Travepromenade ❽** nahe des alten Leuchtturms Travemünde. Dort bietet sich rechts der lohnende Abstecher zur **Nordermole ❾** an; die alte Mole von 1834 wurde 1960 durch einen 250 m langen Neubau ersetzt, um die Hafeneinfahrt zu sichern, die an dieser Stelle nur rund 200 m breit ist. Anschließend folgen wir dem Traveufer flussaufwärts an Bootsanlegern und Restaurants sowie der Kaiserbrücke vorbei zum Ausgangspunkt am Anleger der **Priwallfähre ❶**.

↗ 75 m | ↘ 75 m | 7.2 km
1.45 h

Lübecks Altstadt 60

Stadtrundgang durch das ehemalige »Haupt der Hanse«

Die als UNESCO-Weltkulturerbe eingestufte Altstadt von Lübeck hat die Jahrhunderte seit der Zeit als eine der wichtigsten Städte des Handelsnetzwerks Hanse erstaunlich gut überstanden mit fast 1000 denkmalgeschützten Gebäuden. Dieser Rundgang führt zu den bekanntesten Sehenswürdigkeiten wie dem Wahrzeichen Holstentor, vier der fünf Hauptkirchen sowie mehreren Museen, darunter dem modernen Hansemuseum. Wir wandern durch 800 Jahrhunderte Geschichte und auf den Spuren von drei Nobelpreisträgern durch die Hansestadt. Als Abrundung vermitteln Abschnitte entlang der Trave und Kanälen die geschützte Insellage der ehemals wichtigen Hafenstadt Lübeck.

Ausgangspunkt: Bahnhof Lübeck mit Parkplätzen P1 und P2 in direkter Nähe, www.mein-contipark.de (Navi: P1 Beim Retteich, P2 Am Güterbahnhof 10, 23558 Lübeck), alternativ am Klughafen P5 (Kanalstraße, 23552 Lübeck).
ÖPNV: Hauptbahnhof Lübeck mit halbstündlichen Verbindungen nach Kiel und Hamburg, stündlichen nach Travemünde, Lüneburg und zweistündlichen nach Fehmarn. Im Ort zahlreiche Bushaltestellen mit Rückfahrtmöglichkeit zum ZOB/Hauptbahnhof, www.sv-luebeck.de.
Anforderungen: Leichter Stadtspaziergang überwiegend über Bürgersteige, Uferwege und kopfsteingepflasterte Straßen.
Einkehr: Große gastronomische Auswahl in Lübeck.
Varianten: Zahlreiche Abkürzungen möglich.
Karte: Stadtpläne von Lübeck.
Tipps: Mehrere von 10 Museen der Stadt entlang der Route, etwa das Hansemuseum (WP 6).

Aussicht vom Hansemuseum in Lübeck.

Schräg links gegenüber vom **Lübecker Hauptbahnhof** ❶ führt die Konrad-Adenauer-Allee in südwestlicher Richtung leicht abwärts Richtung Zentrum mit beidseitig einem Fußweg und nach der Lindenstraße autofrei durch einen Park, wo rechts das Bismarck- und links das Kaiser Wilhelm-I-Denkmal an das 19. Jh. erinnern. Nach halber (rechter) Umrundung des Kreisverkehrs queren wir den Oberen Stadtgraben über die Puppenbrücke, den zur Bahnhofsanbindung 1907 fertig gestellten Neubau einer steinernen Vorgängerbrücke aus dem 18. Jh., deren Statuen übernommen wurden. Vor uns grüßt in einiger Entfernung Lübecks Wahrzeichen **Holstentor** ❽ (siehe Bild S. 210/211), das wir beim Rückweg passieren werden. Gleich nach der Brücke geht es rechts abwärts zum Uferweg durch die Grünanlagen, wo wir die Ruhe vor dem Lübecker Großstadtgetümmel genießen. Der Uferweg folgt im Bogen dem Oberen Stadtgraben bis zur Wallbrücke, wo der Kanal durch die Trave gespeist wird. Nach Querung der Straße nimmt uns wieder der Uferweg auf und bietet in einer Linkskurve einen schönen **Domblick** ❷. Nach 100 m queren wir die Trave rechts über die Fußgänger-/Radbrücke und folgen rechts der kleinen Straße An der Obertrave entlang dem Trave-Ufer, das wir nach 5 Minuten links verlassen. Leicht aufwärts durch die kopfsteingepflasterte Gasse Effengrube geht es zum **Dom** ❸, erbaut seit dem 12. Jh. unter Heinrich dem Löwen als Ausdruck der bischöflichen Macht, dessen 115 m hoher Turm später von der 10 m höheren »bürgerlichen« Marienkirche überragt wurde. Mit 130 m gilt der Dom als eine der längsten Kirchen Deutschlands.

Der Rundgang führt links am Dom vorbei in die nordöstlich abzweigende Straße Fegefeuer, Querung der Mühlenstraße in die etwas rechts versetzt geradeaus verlaufende St.-Annen-Straße und dort links vorbei in das modernisierte St.-Annen-Museum mit seinem einladenden Innenhof sowie Sammlungen von moderner und Kirchenkunst auf dem Gelände des früheren St.-Annen-Klosters. Vor der im Gegensatz zum Dom im Zweiten Weltkrieg kaum zerstörten St.-Aegidien-Kirche zweigen wir rechts in die Weberstraße, die uns hinunter zum Krähenteich führt. Dort links auf den Uferweg und in der Parkanlage über die Straße bei der Rehderbrücke, hinter der uns der Uferweg am Elbe-Lübeck-Kanal aufnimmt. Der Elbe-Lübeck-Kanal verbindet auf einer Länge von 62 km die Elbe bei Lauenburg mit der Ostsee bei Lübeck.

Der Domblick bei Wegpunkt 2.

Nach der Unterquerung der Straßenbrücke (Hüxtertorbrücke) führt uns der Weg weiter entlang dem Kanal mit Schiffsanlegern am **Klughafen** ❹, der das nördliche Ende des Elbe-Lübeck-Kanal bildet. Bei der nächsten kombinierten Rad-/Fußgängerbrücke halten wir uns links. Beiderseits der stadtseitigen Auffahrt zur Brücke erstreckt sich eine 1999 von einer Bürgerinitiative angelegte (umzäunte) Wildblumenwiese mit mehr als 150 Pflanzenarten. Wir queren die Kanalstraße über die Ampel und folgen der Glockengießerstraße aufwärts in die Altstadt, nach 5 Minuten mit dem Günter Grass-Haus zur Linken mit Ausstellungen zum Schriftsteller, Bildhauer und Grafiker Grass. Der Literaturnobelpreisträger wohnte von 1987 bis zu seinem Tod in der Nähe von Lübeck und wirkte auch als Redenschreiber für Willy Brandt, einem weiteren Nobelpreisträger (1972 Friedensnobelpreis), dem in Lübeck ein Haus gewidmet ist. Kurz darauf nimmt uns rechts die Königstraße auf, in der nach wenigen Metern rechts das Willy-Brandt-Haus Lübeck mit einer Ausstellung an den in Lübeck geborenen SPD-Politiker erinnert.

Kurz darauf ragt links die um 1300 erbaute **St.-Jakobi-Kirche** ❺ mit ih-

Burgtor.

ren drei Orgeln auf, Zwischenziel für Jakobspilger auf drei bekannten Pilgerwegen: der Via Scandinavica aus Fehmarn, der Via Jutlandica von der dänischen Grenze bei Flensburg und der Via Baltica von Usedom. Kurz hinter der St.-Jakobi-Kirche erregt das Heiligen-Geist-Hospital mit seinen vielen Türmen die Aufmerksamkeit: Dieses gotische Backsteingebäude wurde im 13. Jh. von Hansekaufleuten gegründet als Stätte für Kranke und Arme und dient seit der Reformation als Altenheim.

Hinter dem Hospital zweigen wir nach rechts in die Große Gröpelgrube und an deren Ende links in die Straße Wakenitzmauer, an deren rechter Seite früher eine Stadtmauer stand, weshalb ältere Häuser nur an der linken Straßenseite stehen. Die Wakenitzmauer führt zum nördlichen Rand der Altstadt, und wir queren den kleinen Ida-Boy-Ed-Garten, ehe das Burgtor zur Linken den Abschluss der Altstadt bildet.

Rechts vom Burgtor nimmt uns ein Fußweg auf und führt zum 2015 eröffneten **Hansemuseum** ❻, deren Aussichtsplattform einen schönen Blick auf die Hafenanlagen an der Trave bietet. Der Fußweg führt rechts vorbei an dem Burgkloster aus dem 13. Jh., heute Teil des Hansemuseums, und mündet schließlich in die Kleine Burgstraße ein, die uns wieder zur **St.-Jakobi-Kirche** ❺ führt. Rechts an dieser vorbei folgen wir der Breiten Straße. Nach der Rechtskurve dieser Autostraße nimmt uns die Fußgängerzone auf. Vor der St. Marienkirche biegen wir rechts in die Mengstraße und passieren kurz darauf die auffällige Fassade des Buddenbrookhauses mit zwei Ausstellungen: eine über die Lübecker Schriftstellerfamilie der Manns, die andere über den Gesellschaftsroman »Die Buddenbrooks«, für den Thomas Mann 1929 mit dem Literatur-Nobelpreis ausgezeichnet wurde.

Weiter geht es links um die **St. Marienkirche** ❼ herum, errichtet seit dem 13. Jh. als bürgerlicher Gegenentwurf zum bischöflichen Dom. Die Ausmaße strahlen das Selbstbewusstsein der Hanse-Kaufleute und Ratsherren aus: Die auf dem höchsten Punkt der Altstadt erbaute Marienkirche überragt mit ihren 125 m Höhe den Dom um 10 m, das 39 m hohe gotische Backsteingewölbe des Mittelschiffs gilt als höchstes weltweit. Die Marienkirche gilt als Vorbild für zahlreiche weitere Backsteinkirchen im Ostseeraum.

Beim Alten Rathaus wird wieder die Fußgängerzone erreicht. Im Alten Rathaus wurden seit 1356 die meisten Hansetage abgehalten, da Lübeck besonders am Zusammenhalt dieses Handelsnetzwerkes gelegen war. Die Fußgängerzone führt rechts nach 50 m zum Café Niederegger – dem Stammhaus des legendären Marzipanfabrikanten, ehe wir sie rechts wieder verlassen. Halb links queren wir den Markt in südöstliche Richtung und folgen an dessen Ende rechts der Holstenstraße zum leider von Autoverkehr umfluteten **Holstentor** ❽ aus dem 15. Jh., dem Lübecker Wahrzeichen. Das wehrhafte Tor hat zur westlichen Außenseite 3,5 m dicke und zur Stadtseite »nur« 1 m dicke Mauern. Zwei Nebentore wurden im 19. Jh. abgerissen.

Nach der Unterquerung dieses westlichen Stadttors spazieren wir durch die vorgelagerten Grünanlagen, queren die Trave über die Puppenbrücke und folgen nach der halben Umrundung des Kreisverkehrs wie auf dem Hinweis der Konrad-Adenauer-Straße zurück zum **Lübecker Hauptbahnhof** ❶.

STICHWORTVERZEICHNIS

A
Altenhof 28, 113
Alt-Hohwacht 160
Angeln 8, 16, 18, 20, 26, 71, 73, 79, 91
Arnis 79
Arnkielpark 51
Aschau 111
Aschauer Lagune 111, 114
Aschberg 8, 16, 20, 102

B
Bad Malente 27, 28, 166
Barsbeker See 23, 144
Behrensdorf 22
Behrensdorfer Strand 158
Borgwedel 88
Bottsand 23, 144
Brasilien (Strandabschnitt) 149
Brekendorf 8
Brodtener Ufer 16, 199
Bülker Leuchtturm 9, 27, 120, 124
Bungsberg 12, 16, 24, 27, 123, 173, 176
Büstorf 84

C
Cismar 196

D
Dahme 24
Dahmer Gehege 192
Dahmeshöved 192
Damp 82
Dänischer Wohld 9, 12, 18, 21, 116, 120, 124
Dänisch-Nienhof 9, 116
Dansk Skanse 50
Dieksee 167
Drei 8, 19, 65
Düppel 50
Düppeler Schanze 50
Dybbøl 50

E
Eckernförde 12
Eckernförder Bucht 8, 20, 28, 113, 116, 123
Europäischer Fernwanderweg 1/6 9, 12, 36, 52, 56, 91, 97, 98, 99, 103, 104, 109, 111, 113, 116, 122, 124, 125, 130, 166, 173, 176
Eutin 12, 18, 166, 172, 174
Exhöft 76

F
Falshöft 8, 27, 73
Fegetasche 167
Fehmarn 9, 12, 16, 17, 24, 28, 29, 181, 184, 186, 190
Fissauer Fährhaus 169, 170
Fleckeby 88
Flensburg 12, 16, 18, 19, 26
Flensburger Förde 8, 17, 18, 19, 20, 36, 37, 60, 67
Flügge 183
Flügger Leuchtturm 27, 181
Fördesteig 13
Fördewanderweg 22, 136, 137, 140
Friedeholz 63
Fröruper Berge 53, 58

G
Galgenberg 77
Gammendorfer Strand 184, 186
Gelting 70
Geltinger Birk 19, 70
Geltinger Noor 70, 73
Gelting-Mole 70
Gendarmenpfad 13, 43, 48
Gendarmstien 36
Globushaus 59, 97
Glücksburg 18, 19
Gottorf 56, 92, 94
Grahlenstein 70
Gråsten 47, 48
Graswarder 179
Gravenstein 47, 48
Grömitz 24, 28, 29, 192, 196
Großer Binnensee 9, 22, 156
Großer Eutiner See 27, 169, 172
Großer Plöner See 23, 24, 167
Grüner Brink 184, 186

H
Haddeby 98
Haddebyer Noor 98
Hærvej (dt. Heerweg) 13
Haithabu 8, 18, 98, 101
Hansemuseum 209
Harrislee 12, 34
Heidberg 8, 102
Heidkate 149
Heikendorf 136
Heiligenhafen 179
Heiligenhafener Binnensee 179
Hemmelsdorfer See 22, 199
Hohenfelde 150
Hohwacht 22
Holnis 8, 19, 66
Holsteinische Schweiz 9, 12, 24, 27, 28, 130, 166, 170, 172, 174, 176
Holstentor 209
Holtenau 18, 21, 22, 126
Hüttener Berge 8, 12, 16, 20, 102

I
Idstedt 56, 91
Idstedter Gehege 91
Idstedter See 91
Ihlsee 35

J
Jagdschloss Ukleisee 174
Jellenbek 113
Jimi Hendrix Memorial Stone 183
Julesee 55

K
Kalifornien (Strandabschnitt) 147
Kappeln 20
Kasseedorf 176
Katharinenhof 9, 188
Kellenhusen 22, 24, 193
Kellenhusener Wald 193, 194

Lust auf Memory?

600 Jahre Stadtgeschichte –
Kunst, Kultur und
Lebenswelten

www.museum-eckernfoerde.de
Rathausmarkt 8, Eckernförde

museum
eckernförde

Kellersee 168, 170
Kiel 12, 16, 18, 26, 28
Kieler Bucht 130
Kieler Förde 12, 18, 21, 22, 23, 24, 27, 30, 122, 124, 136, 140, 145, 176
Kirchsee (Preetz) 135
Klausdorf 130
Kleiner Binnensee 158
Kloster Cismar 196
Kloster Preetz 134
Klosterseeschleuse 194
Klughafen 207
Kolberger Heide 147
Kollund 45
Kollunder Wald 37
Kollund Mole 36
Königseiche 60
Kroneiche 194
Kruså 36, 42
Kruså-Kupfermühle 43
Krusau 42
Krusendorf 113
Kupfermühle/Kobbermølle 12

L
Laboe 21, 23, 27, 30, 122, 124, 136
Landschaftsmuseum Angeln 68
Langballigau 68
Lehbek 70
Lensterstrand 28, 29, 196
Leuchtturm Dahmeshöved 17, 192
Leuchtturm Neuland 158
Leuchtturm Westermarkelsdorf 184
Lippe 158
Louisenlund 86
Lübeck 12, 18, 26, 201, 205
Lübecker Bucht 12, 16, 17, 24, 192, 194, 199
Lütjenburg 9, 27

M
Maasholm 76
Marina Minde 49
Markelsdorfer Huk 184
Missunde 86
Möltenort 23, 136

Mönkeberg 23, 136

N
Neuland 158
Niehuus 40
Niehuuser Alpen 36
Niehuuser See 40
Niendorf 16, 22, 24, 199, 202
Nienthal 9, 152
Niobe-Denkmal 184, 186
Nord-Ostsee-Kanal 13, 18, 20, 21, 22, 26, 126

O
Ochsenweg 13
Oehe 76
Oeversee 51, 56
Owschlag 105
Owschlager Moor 107
Owschlager See 106

P
Padborg 13, 41
Panker 9, 16, 27, 153
Pattburg 41
Pilsberg 9, 16, 27, 152, 153
Plön 27, 163, 166

Plöner See 163
Prinzeninsel 165
Priwall 16, 21, 202
Probstei 17, 23, 141, 147
Puttgarden 12
Püttsee 181

Q
Quellental 60

R
Raisdorf 133
Rammsee 8, 102
Räuberhöhle 91
Rieseby 84
Rønsdam 42
Rønshoved 46
Rothensande 171

S
Sankelmarker Engpass 12, 52, 56
Sankelmarker See 51
Schausende 8, 65
Scheersberg 16
Schlei 8, 12, 17, 18, 20, 26, 56, 76, 79, 84, 86, 94, 101
Schleimünde 76
Schleswig 94
Schleswig (Stadt) 12, 18, 20, 27, 56, 86
Schloss Glücksburg 60
Schloss Gottorf 56, 92, 94
Schmoel 150
Schönberger Strand 23, 147, 149, 151
Schönhagen 16
Schönwalde am Bungsberg 176
Schubystrand 83
Schusterkate 45
Schusterkate/Skomagerhus 37
Schutzhütte Schöne Aussicht 153
Schwansen 18, 20, 79
Schwansener See 82
Schwentine 12, 22, 24, 27, 130, 131, 132, 133, 167, 171, 173, 176
Sehlendorfer Binnensee 160

Sehlendorfer Strand 162
Selenter See 23
Selk 8, 98
Selker Noor 98
Sielbeck 169, 170
Skomagerhus 45
Solitüde 60
Sønderborg 13
Sønderhav 46
Sorgwohld 107
Staberhuk 183
Stakendorfer Strand 150
Stein 140
Stohl 9, 17, 116
Stohler Steilküste 122
Stohler Steilufer 118, 122
Strande 21, 23
Süderbrarup 80
Süderhaff 46
Surendorf 113, 116

T
Timmendorfer Strand 22, 24
Trave 21, 24, 202
Travemünde 16, 24, 27, 192, 202
Treene 53
Treßsee 55

U
Uklei-Fährhaus 169, 170
Ukleisee 174
Unewatt 68

V
Vemmingbund 50
Via Jutlandica (Jakobsweg) 12, 52, 56, 91, 99, 111
Via Scandinavica (Jakobsweg) 12, 196, 198

W
Wackerballig 72
Wagrien 16, 123, 194
Wallnau 24, 28, 181
Wassersleben 36, 37
Wendtorf 144
Weseby 86
Westerholz 68
Westermarkelsdorf 184
Westerwerker See 61
Windeby 108

Windebyer Noor 108
Wormshöfter Noor 78

Umschlagbild: Flensburger Hafen mit der Marienkirche im Hintergrund.

Bild im Innentitel: Wiesenweg an der Aschauer Lagune (Touren 27 und 28).

Fotonachweis: Idhuna Barelds (Seiten 2, 8, 9, 13, 17, 19, 23, 25, 28, 29, 31, 35, 40–44, 46f., 50, 53, 55, 56, 62, 65, 78, 79, 84, 87, 88, 90–93, 99, 105, 107, 114, 133–135, 163, 164–167, 205, 207, 208, 210, 213, 214 sowie Umschlagfoto); Katharina Löblein (Seite 8); Wolfgang Kober (Seiten 203, 204); alle übrigen Bernhard Pollmann

Kartografie:
61 Wanderkärtchen im Maßstab 1:25.000 / 1:50.000 / 1:75.000 / 1:100.000
Geodaten © Open Street Map und Mitwirkende
Kartografisches Design: Freytag & Berndt, Prag, www.freytagberndt.cz
sowie 2 Übersichtskärtchen im Maßstab 1:750.000 und 1:1.500.000
© Freytag & Berndt, Wien

Die Ausarbeitung aller in diesem Führer beschriebenen Wanderungen erfolgte nach bestem Wissen und Gewissen der Autoren. Die Benützung dieses Führers geschieht auf eigenes Risiko. Soweit gesetzlich zulässig, wird eine Haftung für etwaige Unfälle und Schäden jeder Art aus keinem Rechtsgrund übernommen.

4., vollständig neu bearbeitete Auflage 2022
© Bergverlag Rother GmbH, München
ISBN 978-3-7633-4425-3

Wir freuen uns über jeden Korrekturhinweis zu diesem Wanderführer!
Bitte per E-Mail an: **leserzuschrift@rother.de**

ROTHER BERGVERLAG · Keltenring 17 · D-82041 Oberhaching
Tel. +49 89 608669-0 · www.rother.de